Die Grundgedanken der Reichsverfassung.

Die innere Politik

Herausgegeben

von

Dr. Sigmund Hellmann
Professor an der Universität München

München und Leipzig
Verlag von Duncker & Humblot
1 9 2 0

Die Grundgedanken der Reichsverfassung

Von

Dr. Hans Nawiasky
Professor an der Universität München

München und Leipzig
Verlag von Duncker & Humblot
1920

Vorwort.

Die folgenden Ausführungen beruhen auf Vorlesungen, die im Wintersemester 1919—20 an der Universität München gehalten wurden. Sie bezwecken eine Einführung in den politischen Gehalt der Reichsverfassung. Juristische Gesichtspunkte stehen in zweiter Linie.

München, im Februar 1920.

M. S. Z.

Inhalt.

Seite

I. Allgemeine Charakteristik der Reichsverfassung . . . 7
II. Die Struktur des Reiches 21
III. Die Staatsform 26
IV. Reich und Länder 36
A. Vorfragen 36
B. Die Aufgabenverteilung 38
1. Im alten Reich 38
2. Im neuen Reich 40
C. Die innere Organisation 48
1. Im alten Reich 48
2. Im neuen Reich 53
D. Der Bestand der Gliedstaaten 58
1. Im alten Reich 58
2. Im neuen Reich 60
V. Der Aufbau der Reichsgewalt 65
VI. Reichspräsident und Reichsregierung im Besonderen 76
VII. Die Reichsgesetzgebung 92
VIII. Die Reichsverwaltung 104
IX. Die Rechtspflege 115
X. Grundrechte und Grundpflichten der Deutschen . . 119
XI. Die Einzelperson und das Gemeinschaftsleben . . . 126
XII. Religion, Bildung und Schule 139
XIII. Das Wirtschaftsleben 150
Sachregister 162
Artikelregister 163

I. Allgemeine Charakteristik der Reichsverfassung.

So verschieden auch die Anschauungen über die neue Reichsverfassung sind je nach dem politischen, wirtschaftlichen, sozialen nationalen, juristischen, ästhetischen Standpunkt des Beurteilers, in einem Punkt sind alle einig: niemand hat eine rechte Freude daran. Das Gesetzeswerk, das am 11. August 1919 das Licht der Welt erblickt, am 14. August im Reichsgesetzblatt angezeigt wurde, ist kein Sonnenkind, sondern ein Kind der Sorge. Ist es doch in neun Monaten des schwersten äußeren Zusammenbruches und der tiefsten seelischen Erschütterung unter den heftigsten Wehen im Schoß der gesetzgebenden Faktoren des deutschen Volkes ausgetragen worden.

In welch ganz anderem Licht steht das Bild der Vorgängerin, der Bismarckschen Verfassung von 1871, vor unseren Augen als Symbol der Erfüllung heißer nationaler Wünsche, als Zeugnis des Wiedererstehens von Kaiser und Reich in stolzer Pracht und Herrlichkeit. Aber gerade der Unterschied in der Aufnahme muß es klar machen, daß maßgebend für die Vorstellungen, die mit der alten und der neuen Reichsverfassung verbunden werden, nicht das innere Wesen der beiden Gesetze, sondern die äußeren Verhältnisse ihrer Entstehung sind. Denn wenn wir auf das innere Wesen eingehen, das Gesetzeswerk als solches betrachten, so kommen wir rasch zu dem Ergebnis, daß die Verfassung von 1871 nicht die magna carta, nicht das goldene Rechtsbuch des deutschen Volkes gewesen ist. Hat man die Verfassung schon je in der Hand des einfachen Mannes aus dem Volke gesehen? War sie Gemeingut auch nur der Gebildeten geworden? Sind ihr Erinnerungssäulen errichtet worden, wie beispielsweise der amerikanischen Verfassung?

Nein! Die wenigsten haben sie gelesen oder gar gekannt. Wenn davon gesprochen wurde, da wurde nicht gedacht an die Paragraphen des Textes, sondern an den mächtigen Aufstieg des deutschen Volkes, an die Entfaltung seiner Geltung auf dem Kontinent und in der Welt, für die die 78 Artikel an sich weder eine besondere Förderung noch Hinderung bedeutet haben. Die alte Reichsverfassung konnte auch gar nicht ein Volksbuch werden, denn sie wendete sich gar nicht an das Volk, war nicht bestimmend für dessen Stellung im öffentlichen Leben. Sie sprach in erster Linie zu den deutschen Fürsten, zu den Regierungen der deutschen Einzelstaaten, wies ihnen ihre Stellung im Gesamtbau des Reiches an, bestimmte ihren Einfluß auf dessen Geschicke. Wesentlich nur in den 13 Artikeln über den deutschen Reichstag, die aus allgemeinen, gleichen, unmittelbaren und geheimen Wahlen hervorgegangene Vertretung des Volkes, waren Sätze enthalten, die die breiten Massen unmittelbar berührten. Die Grundrechte des deutschen Volkes, die in der Frankfurter Verfassung von 1849 den politischen Wünschen der Besten der Nation zum Teil in klassischer Weise Ausdruck zu geben versucht, hatten keine Stätte gefunden, eine einheitliche Anerkennung für das Gebiet des ganzen Reiches fehlte. Sie blieben der mehr oder weniger wohlwollenden Behandlung der Einzelstaaten überantwortet, so daß unter dem Schutz des neuen Reiches die altständische Verfassung beider Mecklenburg eine unangreifbare Stellung beziehen konnte.

Noch aus einem anderen Grunde aber konnte die alte Reichsverfassung nicht das Rechtsbuch des deutschen Volkes werden. Sie galt von vornherein nur für einen Teil, für die Bewohner von 25 zufällig gebildeten Staaten. Ein großer Teil des deutschen Volkes, in dessen Herzen die Liebe zum großen deutschen Vaterland unauslöschlich weiter glühte, die Deutsch-Österreicher, waren von vornherein ausgeschlossen. Ob durch Schuld oder Schicksal und, wenn durch Schuld, durch wessen Schuld, will ich nicht näher prüfen. So wehte über dem Bau, der für den durch Süddeutschland vergrößerten Norddeutschen Bund preußischer Prägung errichtet war, als passendes Zeichen die verlängerte preußische Fahne.

Wenn daher die alte Verfassung als ein Meisterstück Bismarckscher Staatskunst bezeichnet wurde und bezeichnet werden konnte, so ist dieses Urteil nur in einem beschränkten Sinne richtig. Sie war ein Meisterstück der Verteilung des politischen Schwergewichts zwischen dem führenden Großstaat Preußen auf der einen Seite, den Mittel- und Kleinstaaten auf der anderen Seite, dafür Gewähr bietend, daß bei sorglicher Schonung aller historisch gegebenen Empfindlichkeiten der Einheitlichkeit der Politik im Großen Raum geschaffen und darüber hinaus der organischen Weiterentwicklung des inneren Zusammenwachsens die Pforten geöffnet wurden. Noch in einer anderen Beziehung war die alte Verfassung von ganz großem Zuschnitt, und zwar nicht nur in rein politischer, sondern auch in volkstümlicher Richtung, nämlich in der Schaffung und in der Art der Einrichtung der beiden überragenden, die Einheit und die zusammengefaßte Kraft des Reiches sichtbar verkörpernden Ämter des Kaisers und des Kanzlers. Allerdings waren an die Verwalter beider Ämter die größten Anforderungen in persönlicher Hinsicht gestellt, an des Reiches Oberhaupt mit Beziehung auf vornehme Zurückhaltung, innere Stetigkeit und Beurteilungsgabe für die Auswahl der richtigen Männer, an des Reiches Minister mit Beziehung auf weiten Blick, starken Willen und politische Begabung. Darin lag auf der anderen Seite die große Gefahr des ganzen Baues, seine historische Bedingtheit, der Keim des Versagens, wenn solche Männer fehlten. — — —

Wie auch immer, gegenüber der Kritik, die notwendig ein Zergliedern der einzelnen Punkte bedeutet, muß doch als Gesamteindruck hervorgehoben werden: es war ein geschlossenes Ganze aus einem Geist mit wohlabgewogenem innerem Ausgleich der Gegensätze, das Werk eines Meisters und darum in gewisser Beziehung, mindestens nach dem selbst gesteckten Ziel, ein Meisterwerk.

Es war notwendig, diese charakteristischen Züge der alten Verfassung zu betonen, um das Verständnis der neuen vorzubereiten. Aber zunächst noch einmal zurück zu unserem Ausgangspunkt. Es hat sich gezeigt, daß die alte Verfassung so freudigen Widerhall gefunden nicht wegen ihres inneren Wesens, sondern wegen der geschichtlichen Bedeutung ihres Entstehens, und daß die neue Verfassung mit solcher Verstimmung aufgenommen wurde, weil sie das Ergebnis des schwersten Zusammenbruchs ist. Es bleibt also die Frage, ob die rein sachliche Erfassung ihres inneren Wertes zu einem günstigeren Urteil führt.

Die Antwort sollte eigentlich erst am Schluß der Betrachtungen gegeben werden, wenn der Verfassungsbau im einzelnen vorgeführt ist. Wenn schon jetzt das Ergebnis vorweg genommen wird, so bedeutet das die Inanspruchnahme eines Vorschusses an Vertrauen, dessen Berechtigung eben durch die weiteren Darlegungen zu erbringen sein wird.

Zunächst die Frage: hat die neue Verfassung den Zuschnitt eines Rechtsbuches für das deutsche Volk? Die Bismarcksche Verfassung setzte sich das von vornherein nicht zum Ziel. Die neue Verfassung will es. Ihre Autoren haben das wiederholt erklärt. Hat das Können dem Wollen entsprochen?

Zunächst der Geltungsumfang. „Das deutsche Volk, einig in seinen Stämmen . . . hat sich diese Verfassung gegeben." (Einleitung.)

Also durch das deutsche Volk für das deutsche Volk! lautete die Parole. Wir wissen aber alle, daß weder das ganze deutsche Volk durch seine Vertreter an dem Beschluß der Verfassung beteiligt war, noch daß die Verfassung für das ganze deutsche Volk bestimmt ist. Vielmehr handelt es sich nur um etwa drei Viertel, noch weniger wie 1871. Von den deutschen Stämmen, die damals in dem stolzen Bau des Reiches eine Wohnstätte gefunden, sind mehrere Millionen durch den Machtspruch der „verbündeten und zugesellten Mächte" hinausgewiesen worden. Und dem großen Stamm, der damals jenseits der schwarzweißroten Grenzpfähle gelassen wurde, wird nunmehr trotz der äußeren Möglichkeit infolge der Auflösung des habsburgischen Reiches und trotz des stärksten inneren Antriebes der Eintritt in das Reich verwehrt. Deutsch-Österreich wird unter Amputation fast der Hälfte seiner engeren Volksgenossen gezwungen, ein formell selbständiges, materiell lebensunfähiges Staatswesen zu bilden, über dessen weiterer Entwicklung ein dunkles Schicksal schwebt.

Wenn wir die Verfassung aufschlagen, ist von dieser geschichtlichen Entscheidung nichts zu merken. Im Gegenteil, es wird der Schein erweckt, als ob alles auf dem besten Wege sei. Artikel 2 sieht vor, daß andere Gebiete als die der deutschen Gliedstaaten von 1871 in das Reich aufgenommen werden können, „wenn es ihre Bevölkerung kraft des Selbstbestimmungsrechtes begehrt". Der wahre Hohn! Als Reichsfarben werden in Artikel 3 die großdeutschen Farben Schwarzrotgold erklärt, die gerade bei den Deutschen Österreichs das Symbol der deutschen Volksgemeinschaft bilden. Und dann Artikel 61 mit seinem Vorbehalt für die Beteiligung Deutsch-Österreichs am Reichsrat zunächst mit beratender und nach dem Anschluß mit beschließender Stimme, dessen förmliche Ungiltigkeitserklärung auf lange Zeit hinaus durch den Vielverband erzwungen wurde!

Wir sehen: Wollen und Können stehen im Widerspruch.

Übrigens ist Artikel 3 über die Reichsfarben auch in sonstiger Beziehung für den Geist der Verfassung sehr bezeichnend. Die Wahl der neuen Farben bedeutet eine Absage an jene von 1871, die Farben von Preußen-Deutschland. Das großdeutsche Programm ist nur einer der für diesen Wechsel bestimmenden Gründe. Ein anderer ist die gewollte Abkehr von dem unter preußischer Führung großgewordenen Militärstaat mit seiner Ausweitung zur Weltpolitik. Gerade dort aber, wo die staatlichen Zeichen das Reich in der weiten Welt repräsentieren, auf dem Gebiet des Seehandels sollen die alten Farben weiterwehen. „Die Handelsflagge ist schwarzweißrot mit den Reichsfarben in der oberen inneren Ecke." Ist das ein klares Programm, das unversöhnbare Gegensätze der politischen Anschauungen nebeneinander zur Geltung kommen läßt? Hier begegnet uns zum ersten Male das Kompromiß — so wollen wir es vorläufig nennen —, um uns auf Schritt und Tritt zu verfolgen.

Nebenbei bemerkt: Woher stammt das neue Symbol der deutschen Republik? Es sind die Farben des deutschen Reiches von 1849, genauer des deutschen Kaisertumes von 1849, gedacht als Wiedererstehung des ehrwürdigen römischen Kaiserreiches deutscher Nation, die Kaiserfarben schwarzgold oder schwarzgelb und der rote Wimpel des römischen Kaisers. Also die Farben der deutschen Monarchie als Wahrzeichen einer deutschen Republik!

Soviel über den Geltungsumfang der neuen Verfassung. Wie steht es mit ihrem Inhalt?

Sie besteht aus zwei großen Teilen, „Hauptteile" genannt. Der erste behandelt „Aufbau und Aufgaben des Reiches", der zweite „Grundrechte und Grundpflichten der Deutschen". Hier ist also offenbar das Fundament für die rechtliche Stellung des deutschen Volkes im Staate gelegt, hier in großen Linien vorgezeichnet, was der einzelne deutsche Bürger vom Staat zu fordern hat und was der Staat vom einzelnen Bürger verlangt. Nicht weniger als 56 Artikel, in fünf große Abschnitte zusammengefaßt, unter vielversprechenden Überschriften: „Die Einzelperson", „Das Gemeinschaftsleben", „Religion und Religionsgesellschaften", „Bildung und Schule", „Das Wirtschaftsleben". Es ist klar, hier soll jeder entnehmen, was ihn vom Staate erwartet.

Wunderschöne Sätze sind hier zu finden, teils altes Gedankengut aus dem Schatzkästlein der politischen Aufklärungsphilosophie des 18. Jahrhunderts, teils glückliche Prägungen neuer Ideen des 19. und 20. Jahrhunderts.

„Alle Deutschen sind vor dem Gesetze gleich" (Art. 109 I). „Die Freiheit der Person ist unverletzlich" (114 I). „Die Wohnung jedes Deutschen ist für ihn eine Freistätte und unverletzlich" (115). „Alle Bewohner des Reiches genießen volle Glaubens- und Gewissensfreiheit" (135). „Die Kunst, die Wissenschaft und ihre Lehre sind frei" (142).

Das sind wohlbekannte Klänge.

„Männer und Frauen haben grundsätzlich dieselben staatsbürgerlichen Rechte und Pflichten" (109 II). „Jeder Deutsche hat das Recht, innerhalb der Schranken der allgemeinen Gesetze seine Meinung durch Wort, Schrift, Druck, Bild oder in sonstiger Weise frei zu äußern. An diesem Rechte darf ihn kein Arbeits- oder Anstellungsverhältnis hindern und niemand darf ihn benachteiligen, wenn er von diesem Rechte Gebrauch macht" (118 I). „Die Ehe steht als Grundlage des Familienlebens und der Erhaltung und Vermehrung der Nation unter dem besonderen Schutz der Verfassung. Sie beruht auf der Gleichberechtigung der beiden Geschlechter. Die Reinerhaltung, Gesundung und soziale Förderung der Familie ist Aufgabe des Staates und der Gemeinden. Kinderreiche Familien haben Anspruch auf ausgleichende Fürsorge. Die Mutterschaft hat Anspruch auf den Schutz und die Fürsorge des Staates" (119). „Die Beamten sind Diener der Gesamtheit, nicht einer Partei" (130 I). „Der Sonntag und die staatlich anerkannten Feiertage bleiben als Tage der Arbeitsruhe und der seelischen Erhebung gesetzlich geschützt" (139). „Für die Aufnahme eines Kindes in eine bestimmte Schule sind seine Anlage und Neigung, nicht die wirtschaftliche und gesellschaftliche Stellung oder das Religionsbekenntnis seiner Eltern maßgebend" (146 I). „Die Ordnung des Wirtschaftslebens muß den Grundsätzen der Gerechtigkeit mit dem Ziel der Gewährleistung eines menschenwürdigen Daseins für alle entsprechen" (151 I). „Eigentum verpflichtet. Sein Gebrauch soll zugleich Dienst sein für das Gemeine Beste" (153 III) usw.

Das sind die neuen Melodien.

Es wird einem ordentlich wohl ums Herz. Ersteht nicht unter dem Schutz der Reichsverfassnng die schönste aller Welten?

Nun will man aber von diesen Verheißungen Gebrauch

machen. „Alle Deutschen sind vor dem Gesetze gleich." Nun kommt die Vermögensabgabe mit ihren Abstufungen. Jemand weigert sich mehr zu zahlen als sein Nachbar. Man hält ihm entgegen, so sei das nicht gemeint, es handle sich nicht um gleiche Behandlung durch das Gesetz, sondern durch die Behörden bei Anwendung des Gesetzes. Übrigens bestimme Artikel 134: „Alle Staatsbürger ohne Unterschied tragen im Verhältnis ihrer Mittel zu allen öffentlichen Lasten nach Maßgabe der Gesetze bei." Nun weist er darauf hin, daß in seiner Gemeinde strengere Steuerbehörden walten als in der Nachbargemeinde, und verlangt Steuernachlaß. Da wird ihm wieder die Antwort: Seine Veranlagung sei gesetzmäßig und ein Recht, auf die Veranlagung der Einwohner des Nachbarorts Einfluß zu nehmen, stehe ihm nicht zu. —

„Männer und Frauen haben grundsätzlich dieselben staatsbürgerlichen Rechte und Pflichten." Nun kommt eine Frau und will nach Beendigung des Rechtsstudiums zum Vorbereitungsdienst und zur Prüfung für das Richteramt zugelassen werden. Da antwortet man ihr, es sei ja nur von grundsätzlicher Gleichstellung die Rede, aber die Reichsjustizgesetze sähen das nicht vor; sie müßten erst entsprechend ergänzt werden. Sie gibt sich vorläufig damit zufrieden und will die Änderung der Reichsjustizgesetze im Hafen der Ehe abwarten; sie heiratet daher aufs Land. Endlich tritt die ersehnte Gesetzesänderung ein. Sie meldet sich zur Praxis und wird einem Gericht in der Stadt zugewiesen. Da erhebt ihr Mann Einspruch gegen die Abreise und beruft sich auf § 1354 des bürgerlichen Gesetzbuches, wonach der Mann Wohnort und Wohnung zu bestimmen hat. Sie verweist auf Artikel 119 der Verfassung, wonach — wie wir gesehen haben — die Ehe auf der Gleichberechtigung der beiden Geschlechter beruht. Man antwortet ihr, das sei wieder nur ein Grundsatz, der erst durch Einzelgesetze entsprechend durchgeführt werden müsse; vorläufig gelte noch § 1354 BGB. —

„Die Beamten sind Diener der Gesamtheit, nicht einer Partei" (130). Ein Vorgesetzter gibt dem Beamten den

Befehl, einem Mitglied der Oppositionspartei A eine Vorladung zum Amte zuzustellen, weil er mit seinen Anhängern eine Versammlung der Partei B, die für die Regierung eine Vertrauenskundgebung beschließen wollte, zu sprengen versucht hatte. Der Beamte verweigert den Vollzug des Befehls unter Berufung auf die Verfassung. Er wird in Disziplinaruntersuchung gezogen, weil er verpflichtet sei, die Befehle der vorgesetzten Stellen, soweit sie nicht strafgesetzwidrig seien, zu vollziehen.

Diese Beispiele werden genügen. Die Verfassung gibt eine Reihe von Versprechungen, die nicht erfüllt werden, zum Teil, weil sie unter Vorbehalten gemeint sind, die nicht klar angegeben werden, zum Teil, weil erst weitere gesetzgeberische Akte erforderlich sind, die noch nicht ergangen.

Dadurch wird die Begeisterung natürlich bedeutend abgekühlt. Nicht was der einfache Sinn der Worte sagt, die doch oft so klar lauten, ist wirklich maßgebend, sondern was der Jurist hinter diesen Worten zu suchen hat. Und auch dem wird es häufig ziemlich schwer gemacht. Die Verfassung verspricht mehr als sie halten kann, auch hier ist ihr Wollen im Widerspruch mit dem Können.

Nun noch eine andere Reihe von Sätzen.

Wir haben gehört, daß die Ehe als Grundlage des Familienlebens und der Erhaltung und Vermehrung der Nation unter dem besonderen Schutz der Verfassung steht. Anderseits wird der Mutterschaft, ohne Unterscheidung der ehelichen und unehelichen, Schutz und Fürsorge verheißen. An einer weiteren Stelle heißt es: „Den unehelichen Kindern sind durch die Gesetzgebung die gleichen Bedingungen für ihre leibliche, seelische und gesellschaftliche Entwicklung zu schaffen wie den ehelichen Kindern" (121). Wie soll das aber erreicht werden als durch die Beseitigung der unterschiedlichen Behandlung in bezug auf die Stellung zum Vater?

In programmatischer Weise werden durch die Verfassung vollkommen gegensätzliche Auffassungen nebeneinander gestellt. Leitet man aus der einen Gruppe von Sätzen Folgerungen ab, so führen sie zu dem entgegengesetzten Ergebnis, wie wenn man von der anderen Gruppe ausgeht. Noch einige Beispiele:

„Jede Religionsgesellschaft ordnet und verwaltet ihre Angelegenheiten selbständig innerhalb der Schranken des für alle geltenden Gesetzes" (137 III). — „Die Religionsgesellschaften bleiben Körperschaften des öffentlichen Rechts, soweit sie solche bisher waren" (137 V) und unterliegen daher, wie hinzuzusetzen ist, auch besonderen Beschränkungen in bezug auf die Ordnung ihrer Angelegenheiten.

Wir haben gehört, daß für die Aufnahme eines Kindes in eine bestimmte Schule nicht das Religionsbekenntnis seiner Eltern maßgebend ist (146 I). — „Innerhalb der Gemeinden sind indeß auf Antrag von Erziehungsberechtigten Volksschulen ihres Bekenntnisses oder ihrer Weltanschauung einzurichten, soweit hierdurch ein geordneter Schulbetrieb nicht beeinträchtigt wird" (146 II).

„Die Freiheit des Handels und Gewerbes wird nach Maßgabe der Reichsgesetze gewährleistet" (151 III). „Im Wirtschaftsverkehr gilt Vertragsfreiheit nach Maßgabe der Gesetze" (152 I). — „Das Reich kann durch Gesetz unbeschadet der Entschädigung ... für die Vergesellschaftung geeignete private wirtschaftliche Unternehmungen in Gemeineigentum überführen" (156 I). „Das Reich kann ferner im Falle dringenden Bedürfnisses zum Zwecke der Gemeinwirtschaft durch Gesetz wirtschaftliche Unternehmungen und Verbände zusammenschließen mit dem Ziele, ... Erzeugung, Herstellung, Verteilung, Verwendung, Preisgestaltung sowie Ein- und Ausfuhr der Wirtschaftsgüter nach gemeinwirtschaftlichen Grundsätzen zu regeln" (156 II).

Diese Gruppen von Sätzen zeigen, daß die Verfassung in einem Atem den gegensätzlichsten Weltanschauungen zur Anerkennung verhilft. Im Einzelfall erhebt sich dann immer wieder die Frage, aus welcher Prämisse die Folgerungen gezogen werden sollen, aus der ganz rechts oder der ganz links stehenden Auffassung. So wie wir in den großen politischen Fragen die Herrschaft des Kompromisses gefunden haben, so ist es auch in den kulturellen, in den wirtschaftlich-sozialen. Eigentlich handelt es sich hier aber gar nicht um ein Kompromiß, denn das bedeutet ja einen Ausgleich; hier sind die Gegensätze unausgeglichen, es handelt sich also um ein Gemisch von Widersprüchen. Aber nicht um Widersprüche zwischen Wollen und Können, sondern zwischen Wollen und Wollen.

Bei näherer Betrachtung hat sich gezeigt, daß die Erwartungen in bezug auf den stolzen Abschnitt Grundrechte und Grundpflichten stark enttäuscht werden.

Nun noch eine letzte Frage, die für ein Rechtsbuch des deutschen Volkes von einiger Wichtigkeit ist. Wie wird die Reichsverfassung dem nationalen Gedanken gerecht?

Zunächst kommt schon die äußere Form, die Sprache in Betracht. Es wäre unbillig, zu verkennen, daß ein starkes Bemühen gewaltet hat, den Sätzen der Verfassung einen volkstümlichen Ausdruck zu geben. Wir haben ja schon einige Belege dafür kennen gelernt. Aber war die Durchführung auch folgerichtig?

Schon die Behandlung der Fremdworte zeigt ein durchaus ungleichmäßiges Vorgehen. Einige Beispiele: In der Einleitung ist von gesellschaftlichem Fortschritt, dann von der gesellschaftlichen Entwicklung der unehelichen Kinder (121), von der Vergesellschaftung geeigneter wirtschaftlicher Unternehmungen (156) die Rede — anderseits heißt es soziale Förderung der Familie (119), soziale Interessen der Arbeiter und Angestellten, Sozialisierungsgesetze (165).

Artikel 24 und 35 sprechen von der Tagung des Reichstages, 37 von der Sitzungsperiode.

Artikel 15 ordnet die Aufsicht der Reichsregierung, 165 die Kontrollbefugnisse der Arbeiter- und Wirtschaftsräte.

In der Einleitung, in Artikel 20 ist von dem deutschen Volke, in Artikel 148 von der Erziehung im Geiste des deutschen Volkstums, in Artikel 119 von der Ehe als Grundlage der Erhaltung und Vermehrung der Nation die Rede.

Artikel 1 erklärt das Reich für eine Republik, Artikel 17 fordert für jedes Land eine freistaatliche Verfassung usw.

Ein zweiter Punkt ist Klarheit und Kürze des sprachlichen Ausdruckes.

Artikel 13 I: „Reichsrecht bricht Landrecht". — Artikel 13 II: „Bestehen Zweifel oder Meinungsverschiedenheiten darüber, ob eine landesrechtliche Vorschrift mit dem Reichsrecht vereinbar ist, so kann die zuständige Reichs- oder Landeszentralbehörde nach näherer Vorschrift eines Reichsgesetzes die Entscheidung eines obersten Gerichtshofes des Reichs anrufen."

Artikel 68 II: „Die Reichsgesetze werden vom Reichstag beschlossen". — Artikel 73 I: „Ein vom Reichstag beschlossenes Gesetz ist vor seiner Verkündung zum Volksentscheid zu bringen..." Artikel 73 II: „Ein Gesetz, dessen Verkündung... ausgesetzt ist, ist dem Volksentscheid zu unterbreiten..." Artikel 74: „Gegen die vom Reichstag beschlossenen Gesetze steht dem Reichsrat der Einspruch zu".

Artikel 69: „Die Einbringung von Gesetzesvorlagen der Reichsregierung bedarf der Zustimmung des Reichsrates." — „Kommt eine Übereinstimmung zwischen der Reichsregierung und dem Reichsrat nicht zustande, so kann die Reichsregierung die Vorlage gleichwohl einbringen ..."

Wir werden später auch Sätze kennen lernen, die gar keinen selbständigen Inhalt, ja solche, die zum großen Teil gar keinen Sinn haben (z. B. Artikel 136 I).

Nun in der Sache.

In der Einleitung heißt es voll Selbstbewußtsein: „Das deutsche Volk, ... von dem Willen beseelt, sein Reich in Freiheit ... zu erneuern und zu festigen ..." Ganz schüchtern bemerkt Artikel 178 III: „Die Bestimmungen des am 28. Juni 1919 in Versailles unterzeichneten Friedensvertrages werden durch die Verfassung nicht berührt". In Wahrheit gehen sie allen Bestimmungen der Verfassung vor — dies die Erneuerung des Reiches in Freiheit!

Die Einleitung der alten Verfassung ließ die deutschen Fürsten „einen ewigen Bund zum Schutze des Bundesgebietes und des innerhalb desselben gültigen Rechts" schließen. Resigniert läßt die neue Verfassung das deutsche Volk von dem Willen beseelt sein, „dem inneren und dem äußeren Frieden zu dienen" und erklärt in Art. 4: „Die allgemein anerkannten Regeln des Völkerrechts gelten als bindende Bestandteile des deutschen Reichsrechts."

Art. 148 weist alle Schulen an, „sittliche Bildung, staatsbürgerliche Gesinnung . . . im Geiste des deutschen Volkstums" — allerdings auch im Geiste der „Völkerversöhnung" — zu erstreben. Nach Art. 113 aber dürfen die fremdsprachigen Volksteile des Reichs „nicht in ihrer freien volkstümlichen Entwicklung, besonders nicht im Gebrauch ihrer Muttersprache beim Unterricht . . . beeinträchtigt werden".

Wir sehen, Ansätze zu Bekenntnissen nationalen Stolzes und Selbstbewußtseins gemischt mit Verbeugungen vor den tönenden, scheinheiligen Phrasen unserer Feinde.

Hier handelt es sich nicht um Widersprüche zwischen Wollen und Wollen, sondern zwischen Wollen und Wissen und zwischen Wissen und Wissen.

Es mag genug sein. Jetzt ist es wohl klar, daß nicht nur die äußeren Verhältnisse, unter denen die neue Verfassung entstanden, sondern auch der innere Geist den lauen Empfang erklärt: Ein Werk voller Widersprüche im Wollen und Können, im Wollen und Wollen, im Wollen und Wissen, im Wissen und Wissen! Das kann nicht das ersehnte goldene Rechtsbuch des deutschen Volkes sein als Mitgift auf den dornenvollen Weg des Sichemporarbeitens.

Und trotz allem und allem eine nationale Tat!

Wie ist dieses unerwartete Urteil möglich?

Wir wissen alle, daß der beispiellos jähe äußere Zusammenbruch des deutschen Volkes naturnotwendig den tiefsten seelischen Zusammenbruch zur Folge haben mußte. Die Volkskreise, die in unerschütterlichem Glauben auf die Zukunft und Größe des Vaterlandes felsenfest gebaut, waren bis ins Mark, in die innerste Lebenskraft getroffen. Die Elemente dagegen, die egoistische und materielle Ziele für sich als maßgebend erachteten oder den naiven Idealen eines Weltsolidarismus nachhingen, waren aller Schranken und Fesseln ledig. Dieser seelischen Verfassung des deutschen Volks gegenüber ein festgeschlossener Bund rücksichtsloser, durch keinerlei Vorurteil in der Verfolgung ihrer egoistisch-nationalen Interessen gehemmter Feinde. Man denke an die beiden anderen furchtbaren Katastrophen der deutschen Geschichte, den Untergang des stolzen Staufengeschlechtes und den Dreißigjährigen Krieg. Damals folgte auf den Zusammenbruch der Zerfall, ein Niedergang auf Geschlechter und Geschlechter. War die Gesamtlage am Ende des Jahres 1918 nicht noch bedrohlicher, wenn sich das deutsche Volk zuletzt nicht doch auf sich selbst besann, nicht doch zusammenraffte? Bestand nicht die Gefahr, daß das Reich, das vor nicht mehr als anderthalb Generationen unter den größten Schwierigkeiten neu zusammengehämmert worden, endgültig, mindestens für unabsehbare Zeit, auseinanderbrach?

Die neue Verfassung ist das Band, das die auseinanderstrebenden Teile wieder zusammenfaßte, unter vergleichsweise kleinen Verlusten die Hauptbestandteile des Volkstums rettete, ja um das, was erhalten wurde, die Klammern noch fester schlug als bisher. So erfüllt die neue Verfassung letzten Endes doch, so schmerzvoll die Opfer im Einzelnen auch sein mögen, die Aufgabe, ein Haus zu errichten, das dem deutschen Volke eine, wenn auch bescheidene und vielfach bedrückte Unterkunft bietet, um sich wieder selbst zu finden und an seinem Wiederemporkommen zu arbeiten. Eine solche Notunterkunft ist gewiß kein stolzes Gebäude voll Behaglichkeit und Pracht, kein architektonisch fehlerfreies, in sich ausgeglichenes Meisterwerk einer aus dem Vollen schöpfenden Staatskunst, aber eine Zuflucht für die Volksgesamtheit, in der die von unseres Volkes größtem Staatsmann, Bismarck, geschaffene Reichseinheit, zerkratzt und zerschunden, aber nicht zerrüttet und zerschlagen, wie das kleinmütig oder böswillig immer wieder behauptet wird, ihren Eingang gefunden hat.

Diese Erkenntnis muß uns mit ihren Mängeln versöhnen und uns den Weg erleichtern, wenn wir daran gehen, uns über die neuen Einrichtungen klar zu werden und uns mit ihnen vertraut zu machen.

II. Die Struktur des Reichs.

Über die Frage, ob der Gewaltfriede unterzeichnet werden sollte, waren und sind noch heute die Meinungen geteilt. Das Problem soll hier nicht näher erörtert werden. Nur ein Punkt ist hervorzuheben, der vielleicht für die Entscheidung ausschlaggebend war: die Gefahr der Abtrennung des Westens und Südens. Diese war das Hauptziel der französischen Politik, die sich leider mit innerdeutschen Bestrebungen begegnete.

In den vorausgehenden Ausführungen wurde die positive Bedeutung der Reichsverfassung in der Erhaltung der Reichseinheit erblickt. Damit war eine der vier möglichen Gestaltungen der politischen Organisation Deutschlands ausgeschaltet, der Zerfall in selbständige Staaten. Außerdem kamen noch drei andere Möglichkeiten in Frage: 1. die Auflösung in einen Staatenbund, 2. die Zusammenfassung in einen Einheitsstaat, 3. die mittlere Linie, die Beibehaltung des Bundesstaats. Tatsächlich wurde der letztere Weg beschritten.

Damit Klarheit darüber besteht, was die getroffene Entscheidung bedeutet, ist das Wesen der drei Strukturformen kurz zu untersuchen, wobei nach dem Zweck dieser Betrachtungen die politische Seite im Vordergrund stehen soll.

Den Staatenbund kann man sich am besten klar machen an den politischen Verhältnissen vor 1866, dem deutschen Bund. Die Verbindung der deutschen Einzelstaaten im deutschen Bund war im wesentlichen hergestellt durch den Bundestag. Dieser war nichts anderes als eine Gesandtenkonferenz, ähnlich der letzten Friedenskonferenz. Dort wurden die Beschlüsse über die außen- und innenpolitischen Fragen gefaßt. Die Beschlüsse waren zunächst nur für die Regierungen bindend, da ja auch nur diese beteiligt waren. Um das deutsche Volk zu binden, mußten sie erst in Akte der Einzelstaaten, insbesondere auch in einzelstaatliche Gesetze umgewandelt werden, und erst in diesem Stadium erfolgte eine Mitwirkung der Volksvertretungen, der Einzelstaatsparlamente, erst jetzt war eine Einflußnahme der Erwählten der Bevölkerung möglich. Grundsätzlich waren also die Staaten in ihrem politischen Eigenleben unberührt, das Maß ihrer Abhängigkeit war nicht in organischen Rechtssätzen niedergelegt, sondern richtete sich rein tatsächlich nach den bestehenden und wechselnden Spannungs- und Machtverhältnissen. Der Bund trat zwar nach außen in der Regel als geschlossene Einheit auf und konnte eigene Vertretungen im Ausland haben, aber die Vertretungen der Einzelstaaten blieben unberührt; soweit eine gemeinsame Kriegführung in Frage kam, war sie Gegenstand einer Koalition, analog wie jetzt bei dem Vielverband. Nach innen hin gab es keine Bundesgesetze, die die Staatsangehörigen der im Bund vertretenen Staaten unmittelbar verpflichtet und berechtigt hätten, und infolgedessen auch keine Bundesangehörigkeit. Soweit in Gesetzgebung und Verwaltung einheitlich vorgegangen werden sollte, konnte dies nur im Wege langwieriger Vereinbarungen oder der mustädlichen Parallelgesetzgebung erfolgen, so daß selbst das immer stärker zu Tage tretende Bedürfnis nach einheitlichem Recht nur in wenigen Punkten wie im Handels- und Wechselrecht auf die geschilderte Art befriedigt werden konnte.

Den vollkommenen Gegensatz hierzu bildet der Einheitsstaat, der durch die Westmächte England und Frankreich in vorbildlicher Weise verkörpert wird. In dieser Strukturform sind alle politischen Kräfte in einem einheitlichen Machtzentrum zusammengefaßt, es gibt e i n e Staatsregierung und an ihrer Seite e i n Staatsparlament mit einer geschlossenen inneren und äußeren Politik, der Staat erscheint sowohl gegenüber den Staatsangehörigen durch seine Gesetzgebung und Verwaltung wie auch gegenüber den fremden Mächten durch seine Vertreter als ein großes Ganzes und ist so in der Lage, nach beiden Richtungen hin einen kraftvollen Willen zu äußern. Die weitere territoriale Gliederung in Provinzen oder Bezirke, wie immer sie im einzelnen gestaltet sein mag, ist eine reine Zweckmäßigkeitseinrichtung, durchaus von Verwaltungsgesichtspunkten beherrscht, die Schaffung räumlicher Bestandteile ohne Trägerschaft eines eigenen politischen Willens.

Dazwischen steht nun der Bundesstaat. Vom Staatenbund entnimmt er den Fortbestand der Einzelstaaten mit eigenen Staatsangehörigen, eigener Gesetzgebung, eigener Verwaltung und eigenen Gerichten, im gewissen Umfang auch einer eigenen inneren Politik. Vom Einheitsstaat hat er den Bestand einer Zentralgewalt mit eigenen Organen, einer selbständigen Gesetzgebung unmittelbar über die Einwohner, die dadurch zugleich Bundesangehörige werden. Die Aufgabenverteilung zwischen der Zentralgewalt und den einzelnen Staaten kann in verschiedener Weise geordnet sein. Eine naturgemäße Angelegenheit der Zentralgewalt ist die auswärtige Politik und damit im Zusammenhang die Verteidigung und das Heer, weiter die Herstellung und Erhaltung einer gewissen Rechtseinheit, einer Verkehrseinheit, die Regelung eines Teiles der wirtschaftlichen Gesetzgebung und damit verbunden ein gewisser Anteil an der inneren Politik. Es leuchtet ein, daß hier die komplizierteste Form des staatlichen und politischen Lebens gegeben ist. In gewissen Belangen sind Regierung und Volk auf einheitliche Willenskundgebungen abgestellt, in anderen gehen die territorialen Gebiete auseinander, und um den nötigen Ausgleich und Einklang dieser Kräfte herzustellen, bedarf es der Schaffung besonderer diesem Zwecke dienender Einrichtungen.

Diese politische Strukturform haben schon seit langem her die Vereinigten Staaten, die Schweiz, sie nahm auch der norddeutsche Bund und das Deutsche Reich an.

Was war nun in Deutschland der besondere Grund für

die Wahl dieser komplizierten Form? Sie ist der Ausdruck dafür, daß die politische Entwicklungslinie des deutschen Volkes die Diagonale darstellt zwischen den Bestrebungen nach geschlossener Einheit des Gesamtvolkes und der Betonung des Eigenlebens der deutschen Stämme und Landschaften. Diese partikularistischen Gegentendenzen sind eine spezifische Erscheinungsform des deutschen Volkslebens, die sich in eigenartiger durch mancherlei besondere Umstände im Einzeln bestimmter geschichtlicher Gestaltung herausgebildet hat. In erster Linie war aber der Umstand entscheidend, daß im römischen Reich deutscher Nation die von den Kaisern eingesetzte Beamtenschaft, die Herzöge, Grafen usw. sich in einen erblichen Adel mit eigenen Herrschaftsrechten, in kleinere und größere Territorialherrn umgewandelt hatte. Die 22 deutsche Fürsten, die ihre Stellung bis zum Jahre 1918 behaupteten, waren die im Kampf ums politische Dasein Überlebenden.

Durch die Revolution sind nun die stärksten Tragpfeiler der einzelstaatlichen Gliederung des deutschen Volkes gefallen. Wenn man vom westfälischen Frieden aus, der dem alten Reich den Todeskeim eingepflanzt hat, die Entwicklung betrachtet, so bewegt sie sich in der Richtung der fortschreitenden Aufsaugung der kleinen und kleinsten Machthaber bis zu jenen 22. Mit der Revolution sind nun auch diese beseitigt, der Weg zur Einheit war damit freigegeben. Als Hauptträger der Einheitstendenz trat die jüngst entwickelte Volksklasse, der vierte Stand auf den Plan, der einerseits am wenigsten historische Vergangenheit und darum auch am wenigsten historischen Sinn aufzuweisen hat, auf der andern Seite darauf eingestellt sein muß, der Geltung der Massen, auf der seine Stärke beruht, möglichst ungehemmte Auswirkung zu verschaffen.

Aber wie der vierte Stand nicht die politische Kraft besaß, um seine wirtschaftlichen Ziele, die sozialistische Staats- und Gesellschaftsordnung, durchzusetzen, obwohl er hierzu einen vielversprechenden Anfang nahm, so vermochte er auch nicht, mit seinem staatlichen Ideal durchzudringen. Bürgertum und Bauernstand erwies sich doch als der stärkere Faktor, und so blieb die historische Form, die Gliederung in Einzelstaaten, der Bundesstaat erhalten.

Dieses Ergebnis findet seinen Ausdruck in der Reichsverfassung in klarer Form. Art. 5 bestimmt: „Die Staatsgewalt wird in Reichsangelegenheiten durch die Organe des Reichs auf Grund der Reichsverfassung, in Landesangelegenheiten durch die Organe der Länder auf Grund der Landesverfassungen ausgeübt." Man kann diese Formulierung als geradezu klassisch bezeichnen.

Als Staatselemente werden in der Regel Staatsgewalt, Staatsgebiet und Staatsvolk angesehen. Auch die letzeren zwei Elemente finden ihre entsprechende bundesstaatliche Formulierung. Art. 2: „Das Reichsgebiet besteht aus den Gebieten der deutschen Länder". Nebenbei bemerkt gibt es also dermalen kein reichsunmittelbares Gebiet. Art. 110 I S. 2: „Jeder Angehörige eines Landes ist zugleich Reichsangehöriger". Allerdings gilt hier die Umkehrung nicht, es gibt auch unmittelbare Reichsangehörige, insbesondere unter den Auslandsdeutschen.

Grundsätzlich ist es also bei der bundesstaatlichen Organisation geblieben. Allerdings hat sich gegen früher doch Manches in ziemlich weitgehendem Maße geändert. Eine so tiefgehende Erschütterung des politischen Lebens, aller Verhältnisse und Anschauungen kann nicht ohne Folgen bleiben. Schon im alten Reich standen sich zwei gegensätzliche Tendenzen gegenüber, die eine auf Verstärkung der Reichsgewalt gerichtet, die andere auf Behauptung der Einzelstaatsbelange; man nannte sie Unitarismus und Föderalismus. Den ersteren hätte man auch Zentralismus heißen können. Es waren aber nicht etwa auf der einen Seite Bestrebungen nach dem Einheitsstaat, sondern nur nach Stärkung der Zentralgewalt, auf der anderen Seite nicht Bestrebungen nach Auflösung der Zentralgewalt, sondern nur nach Behauptung der bisherigen Rechte. Von vornherein stand aber dort der Angriff, die Entwicklung, hier die Abwehr, die

Beharrung. Die größere Stärke der Angriffsbewegung war somit von vornherein gegeben; dazu kam noch, daß sie tatsächlich in der Entwicklungslinie lief. Daher hatte sie bereits große Fortschritte zu verzeichnen, es braucht nur auf die Schaffung des einheitlichen bürgerlichen Rechts, der Reichssozialgesetzgebung, der Reichsversicherung verwiesen zu werden. Im Krieg, in dem es ja hieß, alle Kräfte in dem Kampf auf Leben und Tod zusammenzufassen, wurde diese Vereinheitlichung mächtig gestärkt. Und wie ja die ganzen Kriegsverhältnisse noch heute für das Leben im Staate maßgebend sind, so mußte auch die Vereinheitlichungstendenz weiter fortwirken trotz anfänglicher Rückschläge während des ersten Zusammenbruchs mit ausgesprochen preußenfeindlicher Spitze, trotz immer wieder neu entstehender Abwehrbewegungen. So ist es nicht wunderbar, daß in der neuen Reichsverfassung die Verteilung der Gewalt zwischen dem Reich und den Gliedstaaten wesentlich zugunsten des ersteren verschoben ist.

Ein Punkt, der uns in diesem Zusammenhang wiederholt beschäftigt hat, war hier naturgemäß von großer Bedeutung. Früher war die Aufteilung der Gewalt im Reich wesentlich bestimmt durch die Stellung der Fürsten, von ihrer Seite durch das Bestreben, ihre Rechte zu behaupten, von der andern Seite durch die Rücksicht auf ihre Interessen. Die Bismarcksche Verfassung war ja gerade darin ein Meisterstück im sorgfältigen Ausgleich. Diese Kräfte und Rücksichten sind nun weggefallen. Es ist daher klar, daß die Änderung der Staatsform für die Machtverteilung zwischen Reich und Gliedstaaten von einschneidender Bedeutung sein mußte. Wir tun demgemäß gut daran, bevor wir uns der letzteren zuwenden, zunächst die erstere ins Auge zu fassen.

III. Die Staatsform.

„Das deutsche Reich ist eine Republik. Die Staatsgewalt geht vom Volke aus." (Art. 1.)

Das ist zunächst ein politisches Programm, eine Orientierungstafel am Eingang in das Reichsgebäude. Es wurde auch der Antrag gestellt, die Bezeichnung „Deutsches Reich" durch „Deutsche Republik" zu ersetzen, er drang aber nicht durch. Selbst der Hinweis auf die Übersetzung von „Reich" mit Empire (französisch) und Empire (englisch), also in beiden Sprachen gleichbedeutend mit Kaiserreich, wurde nicht als ausschlaggebend erachtet. Hier wurde also eine gewisse nationale Würde bewahrt, die alte Firma blieb erhalten.

Artikel 1 enthält, wie gesagt, ein politisches Programm. Juristisch sind diese Sätze nicht notwendig. Denn die Staatsform ergibt sich ja ohne weiteres aus den einzelnen Einrichtungen. Kein Monarch steht an der Spitze, sondern ein gewählter Reichspräsident, der Schwerpunkt der politischen Macht liegt bei der Volksvertretung, von deren Vertrauen die Regierung abhängig ist, für alle Gliedstaaten sind republikanische Verfassungen vorgeschrieben (Art. 17).

Worin besteht nun das Wesen der Republik, sein Unterschied von der Monarchie? Zunächst denkt man an einen juristischen Unterschied: hier herrscht eine Person, dort eine Vielheit. Diese Charakteristik trifft aber bei näherer Prüfung nicht zu. Denn nur in der absoluten Monarchie kann von der Herrschaft eines Einzelnen juristisch die Rede sein; anders in der beschränkten Monarchie. Herrschen heißt durch seinen Willen bestimmen, also einen Staat beherrschen, einen Staat durch seinen Willen bestimmen. Kann das der konstitutionelle Monarch? Nein. Denn in der Gesetzgebung ist er an die Zustimmung der Volksvertretung gewiesen, wie umgekehrt die Volksvertretung an seine Zustimmung. Beide sind also gleichgeordnet, keiner dem anderen untergeordnet. In der Verwaltung aber steht dem Monarchen der Minister zur Seite, ohne dessen Gegenzeichnung kann er keinen gültigen Akt vollziehen. Die Gegenzeichnung bedeutet aber nichts anderes wie die Zustimmung; dafür trägt dann der Minister die Verantwortung. Beschränkte Monarchie ist demnach von Einherrschaft weit entfernt.

Eine andere juristische Theorie stammt von dem verstorbenen großen Heidelberger Rechtslehrer Jellinek. In der Monarchie wird der oberste Wille im Staat durch einen physischen Willen, in der Republik durch einen juristischen Willen gebildet, d. h. im letzteren Fall durch eine Mehrheit physischer Willen, die im Wege von Rechtsnormen zu einer Willenseinheit zusammengefaßt werden. Auch diese Konstruktion ist nicht richtig. Denn wir haben ja gerade gesehen, daß der oberste Wille im Staat, das Gesetz, auch in der konstitutionellen Monarchie nur auf „juristischem Wege", durch die Zusammenfassung des Willens von Staatsoberhaupt und Volksvertretung zustande kommt.

Eine dritte Theorie, jene des jüngst verstorbenen Wiener Rechtslehrers Bernatzik findet den Unterschied darin, daß in der Monarchie das Staatsoberhaupt ein Recht auf sein Amt hat, in der Republik nicht. Auch diese Unterscheidung ist nicht stichhaltig. Soll es sich um das Recht auf das inne gehabte Amt handeln, so ist dieses auch bei den republikanischen Funktionären gegeben. Soll es sich um die Anwartschaft handeln, so ist auch eine solche in der Republik möglich, z. B. die bedingte Anwartschaft eines Vizepräsidenten.

Mit den juristischen Unterscheidungen kommt man also nicht durch. Wie soll man auch beispielsweise so verschiedene und doch untereinander mannigfach verwandte Einrichtungen klassifizieren wie das Doppelkönigtum in Sparta, die Mitkaiserschaft, die Wahlmonarchie, die erbliche Präsidentschaft? Der Unterschied ist also nicht auf juristischem, sondern auf einem anderen Boden zu suchen, nämlich auf dem der Politik. Die Monarchie als eine eigentümliche Regierungsform ist dadurch gekennzeichnet, daß der Schwerpunkt der staatlichen Macht oder wenigstens ein hervorragender Anteil daran in der Hand einer Person — dies die überwiegende Regel — ruht, die erstens durch familienrechtliche oder erbrechtliche Tatsachen bestimmt ist, zweitens auf Lebensdauer ihr Amt versieht und drittens für ihre amtlichen Handlungen unverantwortlich ist. Die Republik ist dadurch gekennzeichnet, daß der Schwerpunkt der staatlichen Macht auf eine Mehrheit von Personen verteilt ist, die durch andere auf Zeit berufen werden und die Verantwortung für ihre Amtshandlungen tragen. Eine unbedingt scharfe Grenze läßt sich hier — wie meistens auf politischem Gebiete — nicht ziehen, es kommt eben nicht auf scharfgeschliffene logische Begriffe, sondern auf anschauliche Typen an.

Danach kann ein Zweifel über die Staatsform nach der Reichsverfassung nicht bestehen. Sowohl die Erblichkeit wie die dauernde Berufung und die Unverantwortlichkeit des obersten Funktionärs ist gefallen, Wahl auf Zeit und Rechenschaftsforderung eingeführt.

Die republikanische Staatsform ist in der Verfassung festgelegt und mit deren Gewährschaft umgeben. Aber die Sicherungen sind nicht stärker als bei allen anderen Verfassungsbestimmungen. Zur Abschaffung der Republik und Wiedereinführung der Monarchie ist demgemäß formell nichts anderes erforderlich als eine Verfassungsänderung, mag diese nun durch die Volksvertretung oder durch Volksabstimmung vorgenommen werden. Über die Erfordernisse wird später noch näheres zu sagen sein. Es besteht nämlich eine zwar viel verbreitete, durch die geschichtliche Erfahrung bestärkte, aber durchaus nicht zutreffende Meinung, als ob der Übergang von einer Staatsform in die andere sich nur im Wege des Rechtsbruchs, sei es nun Revolution oder Staatsstreich, vollziehen könne. Auch der verfassungsmäßige Weg steht offen, wenn die bisherigen Gewalten der Neuordnung der Dinge zustimmen. Entsteht beispielsweise im deutschen Volke eine starke politische Bewegung zugunsten der Monarchie und dringt diese Bewegung in die breitesten Schichten ein, so ist die Aussicht auf ihre Durchsetzung im verfassungsmäßigen Wege tatsächlich gegeben. Die vorgeschlagene Bestimmung, daß die Mitglieder einer Dynastie von der Reichspräsidentschaft ausgeschlossen sein sollen, ist ausdrücklich abgelehnt worden. Der Weg über dieses Amt könnte beispielsweise zur Wiederstellung des Kaisertums führen.

Allerdings eines ist klar. Die alte politische Ordnung kann unverändert nicht wieder kommen. Gewisse politische Entwicklungstatsachen wie die verfassungsmäßige Bindung des Reichsoberhauptes und der Reichsregierung, der stärkere Einfluß der politischen öffentlichen Meinung haben wohl dauernde Geltung erlangt. Und dann noch ein zweiter Punkt. Eine Wiederherstellung der Monarchie im Reich bedeutet noch nicht die Wiederkehr der deutschen Einzelfürsten. Es wurde bereits angedeutet und wird in den weiteren Ausführungen noch klarer heraustreten: die Stellung der Gliedstaaten wurde in der neuen Ordnung außerordentlich geschwächt, ihre politische Sphäre ist im Ganzen recht eng geworden, einzelne Gliedstaaten haben sich bereits zusammengeschlossen oder gehen der Vereinigung entgegen. Dadurch verschwindet vielfach überhaupt die ausreichende Grundlage für eine monarchische Stellung. Alle 22 Fürsten können jedenfalls nicht wiederkommen, der vollzogene Schritt auf der Bahn der weiteren Vereinheitlichung der politischen Organisation des deutschen Volkes wird nicht zurück gemacht werden. Auch in dieser Beziehung ist die politische Entwicklung festgelegt. Wie es mit einzelnen Fürsten der größeren Staaten steht, bei denen wenigstens der räumliche Umfang der Staatsgewalt eine gewisse Grundlage für eine Fürstenstellung abgeben kann, ist eine andere Frage.

Auf ein ganz anderes Brett dagegen gehört die Frage des deutschen Kaisertums. Das alte Ideal der deutschen Einigkeit: Kaiser und Reich hat seine Anziehungskraft nicht verloren. Eine Neubelebung dieses Gedankens liegt durchaus im Bereich der Möglichkeit. Ob den neuen Reichsfarben eine Vorbedeutung zukommt, das zu entscheiden, sei den politischen Traumdeutern überlassen. —

Das deutsche Reich ist also Republik. Damit ist aber noch nicht alles über die Grundlinien seines politischen Baus gesagt. Die republikanische Staatsform kann sehr verschiedene Ausgestaltungen aufweisen. Von der aristokratischen Republik, in der eine Minderheit, die Oberschicht, politisch maßgebend ist, kann füglich abgesehen werden. Die demokratische Republik ist dadurch gekennzeichnet, um es vorsichtig zu formulieren, daß breiteren Schichten ein Einfluß zusteht. Hier ergibt sich nun eine ganze Skala von Möglichkeiten der Machtabstufung, bis schließlich die breitesten Schichten formell zur politischen Mitentscheidung herangezogen sind. Dann ist die Idee der Volkssouveränität in politischer Beziehung möglichst der Verwirklichung entgegengebracht.

Tatsächlich liegen die Verhältnisse aber niemals so, daß die breiten und breitesten Schichten wirklich entscheidend sind. In allen gesellschaftlichen Organismen gibt es wenige Führer und die große Masse der Geführten. Da ist denn gar kein Unterschied, welche juristische Form gewählt ist, nicht nur Aristokratie und Demokratie, auch die Monarchie steht, unter diesem Gesichtspunkt betrachtet, auf einer Linie. Denn auch bei der Fürsten- oder Adelsherrschaft müssen die Massen mittun, mindestens durch Passivität. Wenn sie sich auflehnen, so hört das Räderwerk der Staatsmaschinerie zu funktionieren auf. Man denke doch nur zum Beispiel an die innerliche Beteiligung des Volkes an der deutschen Kriegsführung am Anfang und am Ende des Weltkrieges. Der Unterschied zwischen den verschiedenen Staatsformen liegt, genau besehen, nicht in der Tatsache des Ausschlusses oder der Beteiligung der einzelnen Gruppen der Bevölkerung, sondern in der Form und Art der gegenseitigen Beeinflussung der leitenden Faktoren und der Geleiteten, in dem Maß der äußerlichen Rücksichtnahme auf die letzteren, in der Berufung und gesellschaftlichen Zugehörigkeit der Führer, in der Mittelbarkeit und Unmittelbarkeit der Wirkung und Austragung der politischen Spannungsverhältnisse. Was besonders die Auswahl der Führer anbelangt, so ist in den beschränkteren Staatsformen der Kreis der Anwärter ein viel engerer, der Auswahlgesichtspunkt mehr persönlich, das Auswahlrecht fest umschrieben, während in den verschiedenen Erscheinungsformen der Demokratie der freie Wettbewerb eine größere Rolle spielt. Dabei kommt es aber ebensowenig unbedingt, wie in den erstgenannten Regierungssystemen, in der Volksherrschaft auf objektive Begabung und Eignung an. Liegt dort der Schwerpunkt in den Beziehungen zu der politischen Oberschicht, so haben in der Demokratie diejenigen Aussicht Führer zu werden und zu bleiben, die sich der Stimmung, unter Umständen der Gunst der Massen zu versichern verstehen und vor allem auch diese Gunst zu erhalten wissen. In beiden Fällen aber baut sich übereinstimmend eine ganze Hierarchie von unteren, mittleren und höheren Führern auf, die zugleich ein System des Aufstieges von Stufe zu Stufe verkörpern, während der Unterschied darin besteht, daß in den beschränkteren Herrschaftsformen die Abhängigkeit von oben nach unten zunimmt, in der Demokratie sich mehr die Wage hält.

In der demokratischen Republik kann man nun sowohl juristisch als auch politisch zwei ausgeprägte Sonderformen unterscheiden, die sich aus den zahlreichen an sich gegebenen Möglichkeiten herausheben, die unmittelbare Demokratie und die mittelbare oder repräsentative Demokratie. Bei der ersteren tritt die Volksgesamtheit, genauer der stimmberechtigte Volksteil bei gewissen wichtigen staatlichen Entscheidungen unmittelbar in Aktion, bei der letzteren beschränkt sich seine Tätigkeit auf periodische Wahlen von Vertretern, die eine mehr oder weniger andauernd tagende Versammlung, die Volksvertretung, das Parlament bilden und dort in Vertretung des Volkes bei den wichtigsten Staatsentscheidungen ihre Stimme abgeben. Aber man darf nicht etwa denken, daß in den beiden Fällen die einzelnen zur Stimmabgabe berufenen Personen, dort die Volksgenossen, hier die Volksvertreter nach individueller Stellungnahme an der Bildung der Entscheidung teilnehmen. In beiden Fällen tritt vielmehr ein politisches Organ, die Partei, unter die gestaltlose Masse der Einzelnen, faßt sie je nach ihrer Orientierung auf gleichartige Interessen und Anschauungen in große Gruppen zusammen und gibt diesen Gruppen die Leitsätze für ihr politisches Verhalten an. Ist bei den breiten Schichten des stimmberechtigten Volkes — sei es in der unmittelbaren Demokratie, sei es bei den Vertreterwahlen — aus jedermann einleuchtenden Gründen eine andere Betätigung überhaupt ausgeschlossen, so darf man ja nicht glauben, daß die gleiche Erscheinung sich nicht in dem engeren Kreise der Volksvertreter zeigen würde. Auch hier wiederholt sich die Gruppierung in Parteien und demgemäß der Einfluß der in der Partei führender Männer. Was etwa für die Wählermassen die Abgeordneten, das sind für die Gewählten die Fraktionsführer, und erst diesen kommt im politischen Leben eine entscheidende Rolle zu. Sie bestimmen, wer Minister wird und das Staatsruder führt und wer es bleibt. Sie müssen natürlich auf die Parteimitglieder Rücksicht nehmen, sich mit ihnen in innerer Fühlung halten, wie ebenso die Parlamentarier mit ihren Wählerschaften. So wirkt die Diffusion der politischen Kräfte von oben nach unten und von unten nach oben; in diesem Wechselspiel pulsiert das politische Leben der Demokratie.

Der Unterschied zwischen mittelbarer und unmittelbarer Demokratie ist nur der, daß bei der letzteren die großen Massen öfters in Aktion treten und daher die unter ihnen herrschenden Strömungen und Stimmungen und deren Wechsel sich ungebrochener Geltung verschaffen können.

Welche der beiden Formen ist nun der deutschen Republik eigen? Nach der Bestimmung von Art. 1 II: „Die Staatsgewalt geht vom Volke aus" müßte man eine unmittelbare Demokratie vermuten. Ebenso klingt die Einleitung: „Das deutsche Volk, einig in seinen Stämmen . . . . hat sich diese Verfassung gegeben." Vor Tische las man's anders. Der Schluß (Art. 181) sagt: „Das deutsche Volk hat d u r c h s e i n e N a t i o n a l v e r s a m m l u n g diese Verfassung beschlossen und verabschiedet". Es ist gewiß ein Zufall, aber doch bezeichnend, daß die Einleitung, die sog. Präambel, keinen Teil des Gesetzestextes bildet, während der Schluß in einem eigenen Artikel steht, also in das Gesetz aufgenommen ist.

Deutlicher sprechen die Überschriften. In dem zweiten

Hauptteil „Grundrechte und Grundpflichten der Deutschen" dürfen wir nach den früher (Seite 12) mitgeteilten Überschriften die politische Machtverteilung nicht suchen. In dem ersten Hauptteil „Aufbau und Aufgaben des Reichs" finden wir folgende Abschnitte: 1. „Reich und Länder", 2. „Der Reichstag", 3. „Der Reichspräsident und die Reichsregierung", 4. „Der Reichsrat", 5. „Die Reichsgesetzgebung", 6. „Die Reichsverwaltung", 7. „Die Rechtspflege". Also nach der Darlegung der bundesstaatlichen Ordnung in ihren Grundzügen kommen zuerst die Organe, dann die Funktionen des Reichs. Unter diesen herausgehobenen Reichsorganen findet das Volk keine Erwähnung. Fragen wir nach seinen Rechten, so müssen wir uns auf die Suche begeben und sie aus mannigfachen Verstecken und Verknüpfungen herausschälen. Offenbar ist ihm eine ausschlaggebende, beherrschende Rolle in dem Aufbau des ganzen politischen Systems nicht zugedacht, nur die Aufgabe der Mitwirkung, der Remedur, des Ventils eingeräumt. Wir werden später das Problem in Angriff nehmen, die politische und rechtliche Stellung des Volkes festzulegen. Schon jetzt aber kann gesagt werden: entsprechend der äußeren Rolle im Aufbau der Verfassung steht auch die innere in zweiter und dritter Linie.

Nach manchen Staatstheorien ist in der Monarchie der Fürst, in der Republik das Volk das Staatsoberhaupt. Die Reichsverfassung steht jedenfalls nicht auf diesem Standpunkt. Das Staatsoberhaupt ist hauptsächlich durch besondere Ehrenrechte ausgezeichnet. Die Reichsverfassung räumt dem Volk keine besondere Ehrenstellung ein. Nur die kurze Verbeugung am Anfang, in den Eingangsworten und Art. 1, und dann wieder am Schluß, hier allerdings unter Betonung der Vormundschaft der Nationalversammlung. Dementsprechend hat auch die Verfassung selbst nicht ihre letzte Weihe durch die Volksabstimmung erhalten.

Die Beantwortung der grundsätzlichen Frage nach dem Charakter der in der Verfassung gewählten Form der Demokratie geht aber dahin: ein Kompromiß zwischen einzelnen programmatischen Sätzen, die an unmittelbare Volksherrschaft anklingen, und einer vorwiegend parlamentarischen Ordnung der politischen Machtverteilung, eine Mischung von repräsentativer und unmittelbarer Demokratie mit Überwiegen der repräsentativen Elemente.

Ist das nun aber ein Vorzug oder ein Nachteil?

Es wurde wiederholt darauf hingewiesen, daß die Worte der Reichsverfassung oft anders klingen als ihr Wille. Hier kann eine gewisse Ehrlichkeit festgestellt werden. Die Verfassung verleugnet nicht, daß sie in diesem Punkt ein Gemisch widerstrebender Tendenzen aufweist.

Nun aber in der Sache selbst.

Eine stärkere Position des Volks im politischen Aufbau des Reichs würde von der Voraussetzung ausgehen, daß das deutsche Volk in der Lage ist, seine politischen Geschicke wesentlich selbst zu bestimmen. Das würde eine außerordentliche politische Reife bedingen. Eine solche ist aber bei keinem Volk vorhanden, selbst nicht bei denjenigen, die auf eine jahrzehntelange politische Erziehung hinzuweisen haben. Man muß nur an die politischen Wahlen in England und Amerika, den Musterdemokratien, denken. Wahre Orgien des intellektuellen Wahnsinns kann man da erleben, es entwickelt sich ein Tummelplatz der politischen Leidenschaften, ein Wettkampf der diese meisternden oder meistern wollenden Demagogen. Noch weniger kann man dem deutschen Volke di: leidenschaftslose Entscheidung seiner Angelegenheiten überantworten. Hat es doch erst seit anderthalb Geschlechtern seine politische Organisation gefunden und weist vielleicht überhaupt einen besonderen Mangel an politischer Begabung auf. Allerdings ist schwer zu sagen, wo Ursache, wo Wirkung liegt. Ob das deutsche Volk so spät seine politische Organisation gefunden hat, weil ihm dieser Mangel an politischer Befähigung anhaftet, oder ob sich dieser Mangel an politischer Befähigung daraus erklärt, daß es so spät seine politische Organisation gefunden. Jedenfalls aber ist es durchaus richtig, daß die Reichsverfassung in diesem Punkt mit großer Vorsicht ans Werk gegangen ist. Es hat sich hier ein gewisses Maß staatsmännischer Klugheit der Verfasser gezeigt, das man ihnen nicht immer nachrühmen kann.

IV. Reich und Länder.

A. Vorfragen.

Den Bundesstaat kann man auch ansehen als die Vereinigung mehrerer Einzelstaaten in der Weise, daß sie einen Teil ihrer politischen Macht an einen neuen aus ihnen gebildeten zentralen Staat übertragen. Es ist auch der umgekehrte Fall möglich, daß ein Einheitsstaat sich in Teilstaaten zergliedert, wobei aber der Zusammenhang nicht vollständig gelöst, sondern ein Teil der Aufgaben und Machtbefugnisse dem alten Staatswesen belassen wird. Das ist der Weg, der neuerdings in Österreich beschritten wird.

Das Problem besteht nun darin: wie soll die Aufteilung der Macht zwischen dem Bund und den Gliedern vorgenommen werden? Geschichtlich sind im wesentlichen zwei Formen gewählt worden. Entweder die vollkommene Trennung, die reinliche Scheidung. Jeder Teil hat seinen Tätigkeitsbereich, seine Machtsphäre und seine eigenen Organe. Man kann von einem getrennten Nebeneinanderleben sprechen. Das ist die in den Vereinigten Staaten von Amerika verwirklichte Form, wo ja auch innerhalb des Zentralstaats die Teilung der Gewalten am reinsten durchgeführt ist. Notwendig sind nur Einrichtungen, die dafür sorgen, daß keine Übergriffe nach der einen oder anderen Seite stattfinden.

Die andere Form besteht in folgendem. Es findet zwar auch eine Scheidung der Aufgaben und Befugnisse zwischen dem Bund und den Gliedern statt, die Zuständigkeiten werden gegenseitig abgegrenzt. Aber den Gliedstaaten wird ein Ersatz gewährt für ihre Opfer an politischer Macht, indem ihnen dafür ein maßgebender Einfluß auf die Ausübung der Macht des Bundes zugewiesen wird. Sie werden an der Beistellung der Bundesorgane und an der Bundesregierung beteiligt. Im Gegensatz zu dem System der reinlichen Scheidung kann man von einem System der gegenseitigen Durchdringung sprechen. Dieses System gewinnt naturgemäß dort Bedeutung, wo die Machtabtretung von den Einzelstaaten auf den Bund nicht abstrakte Staatswesen trifft, sondern konkrete Menschen, also die Fürsten im monarchischen Bundesstaat, wie dies im früheren Deutschen Reich der Fall war. Bismarck hat darauf hingewiesen, daß die Bundesfürsten durch den Anteil an der Reichsleitung mehr an Macht gewinnen als sie an das Reich abgeben. Gewiß, das frühere Reich war formell-juristisch keine Monarchie, keine Einherrschaft, sondern eine Mehrherrschaft, eine Oligarchie, Republik, da die oberste Staatsgewalt sicher nicht beim Kaiser lag, sondern den verbündeten Regierungen zugeschrieben wurde. Aber wir haben ja schon früher darauf hingewiesen, daß sich das Wesen der monarchischen und republikanischen Staatsform nicht in juristische Formeln auflösen läßt, sondern auf politischem Felde liegt. Und so kann es uns auch nicht Wunder nehmen, daß die politische Machtverteilung im Reich eine außerordentliche Stärkung der monarchischen Stellung zur Folge hatte.

Das System der Durchdringung macht sich aber auch noch in anderer Weise geltend, nicht nur durch die Teilnahme der Glieder an der Willensbildung des Bundes, sondern auch durch die Teilnahme beider an der Lösung derselben Aufgaben. Vielfach ist nämlich die beiderseitige Mitwirkung so geordnet, daß dem Reich nur die Gesetzgebung zugewiesen ist, den Gliedstaaten dagegen der Vollzug durch Verwaltung und Gericht. Auch dadurch ist den letzteren Einfluß auf die Ausübung der Macht gewährt.

Dieses System des Zusammenwirkens findet sich übrigens auch in der Schweiz.

Infolge der Revolution sind nun die Hauptinteressenten

an der Machtbetätigung der Gliedstaaten im Bunde abgetreten. Es erhebt sich daher die Frage, ob nun vielleicht die Form der reinlichen Trennung mehr an Bedeutung gewinnt. Der Zusammenhang mit dem Problem des Ausgleiches zwischen unitarischen und föderalistischen Bestrebungen liegt zu Tage. Da es sich aber nicht etwa um einen vollständigen Neuaufbau handeln kann, ist es auch klar, daß die Entscheidung wesentlich durch das geschichtlich Gewordene mitbestimmt sein muß.

Um nun ein klares Bild zu gewinnen, wird es sich empfehlen, zunächst die Gestaltung des Verhältnisses zwischen Reich und Gliedstaaten nach der alten Verfassung zu betrachten und dann, was in der neuen Verfassung daraus geworden ist. Hierbei soll aber nicht so vorgegangen werden, daß zunächst versucht wird, ein Bild der politischen Organisation des alten Reichs im Ganzen zu zeichnen und dann als Gegenstück dazu das Bild des neuen Reichs. Ein derartiges Verfahren würde das Gedächtnis zu sehr in Anspruch nehmen und darum an Anschaulichkeit einbüßen. Es soll vielmehr das ganze Thema in drei große Fragenkomplexe zerlegt und innerhalb dieser Teile der Vergleich durchgeführt werden. In diesem Sinne wird nacheinander zu betrachten sein: 1. die Aufgabenverteilung, 2. die innere Organisation und 3. die Frage der Bestandfestigkeit der Gliedstaaten.

B. Die Aufgabenverteilung.

1. Im alten Reich.

Die Verteilung der Aufgaben oder, was in der Sache auf dasselbe hinaus kommt, die Zuständigkeitsabgrenzung war im wesentlichen folgende.

Wie in jedem Bundesstaat lag der Schwerpunkt der Außenpolitik beim Reich. Die Führung der großen Politik ging vom Reich aus, die auswärtige Vertretung erfolgte im wesentlichen durch Reichsgesandte und Reichskonsuln, das Reich empfing die Gesandten der fremden Mächte, durch das

Reich erfolgte der Abschluß der großen Staatsverträge, insbesondere der Bündnisse. Hierzu kam die Organisation der Wehrmacht und die Gesetzgebung über dieselbe, im Krieg auch der Oberbefehl.

Aber in all diesen Belangen handelte es sich nur um die Lage des Schwerpunkts. Im einzelnen gab es auf allen Gebieten auch Rechte der Einzelstaaten. Überall war die Rücksicht auf die höfischen Interessen der Monarchen mit im Spiel. So hatten auch die Einzelstaaten ein aktives und passives Gesandtschaftsrecht, ein passives Konsulatsrecht, sie konnten Staatsverträge auf den ihnen vorbehaltenen Gebieten der Gesetzgebung, Rechtsprechung und Verwaltung abschließen. Das Heer beruhte auf dem Kontingentsystem, so daß es sich aus den Truppenteilen der einzelnen Staaten zusammensetzte, in Bezug auf die Militärgesetzgebung bestand eine teilweise Selbständigkeit Bayerns, und die bayerische Armee stand nur im Krieg unter des Reiches Oberbefehl.

Nun zum Finanzwesen. Zur Deckung der Kosten seiner Verwaltung war das Reich nur zum Teil mit eigenen Einnahmen ausgestattet. Hierher gehörten vor allem die Einkünfte der Reichsbetriebe, insbesondere des Post- und Telegraphenwesens, abgesehen von Bayern und Württemberg, ferner die Zölle und indirekten Steuern. Dagegen wurde die längste Zeit zähe daran festgehalten, obwohl die Verfassung selbst diesen Grundsatz nicht festgelegt hatte, daß die direkten Steuern den Gliedstaaten zuflossen. Erst im Krieg wurde davon abgewichen. Aber auch soweit das Reich eine eigene Finanzgesetzgebung hatte, besaß es doch keine eigene Finanzverwaltung, diese war auch für Zwecke des Reiches Sache der Gliedstaaten. Der Ausgabenüberschuß des Reiches über seine Einnahmen wurde durch Zuschüsse der Gliedstaaten, sog. Matrikularbeiträge, gedeckt, die etwa mit den Mitgliederbeiträgen eines Vereins verglichen werden könnten. Übrigens kamen später auch als Abzugsposten hiervon Überweisungen des Reiches an die Einzelstaaten zur Einführung.

Auf allen übrigen Gebieten der Staatstätigkeit, vornehmlich in der Justiz und Verwaltung, beschränkte sich die Zuständigkeit des Reichs im wesentlichen auf Gesetzgebung und zwar in solchen Belangen, in denen sich ein starkes Bedürfnis nach einheitlicher Regelung geltend gemacht hatte. Hierher gehörten vor allem die Freizügigkeit im ganzen Bundesgebiet, das Preß-, Vereins- und Versammlungswesen, die Gewerbe- und Handelspolitik, Verkehr und Schiffahrt, Sozialpolitik und Sozialversicherung, schließlich die großen Materien des bürgerlichen, Straf- und Prozeßrechts einschließlich der Sorge für eine in den Grundzügen einheitliche Rechtspflege durch ein eigenes Gericht, das Reichsgericht. Den Einzelstaaten blieb auch auf den angeführten Gebieten vielfach noch eine ergänzende Gesetzgebung, abgesehen davon aber die Einrichtung der Landesverwaltung, die Gesetzgebung für die innere Verwaltung einschließlich des Unterrichts und Kultus, des Bergbaus und der Landwirtschaft, schließlich die Rechtspflege abgesehen von der angeführten und einigen anderen Ausnahmen.

Diese Normalverteilung war aber außerdem noch auf einer Reihe einzelner Gebiete durch Vorbehalte zugunsten der süddeutschen Staaten, sog. Reservate, durchbrochen.

Als Ergebnis ist demnach festzustellen, daß den Gliedstaaten ein reiches Gebiet staatlichen Eigenlebens verblieb.

2. Im neuen Reich.

Zunächst das Gebiet der Außenpolitik. Nach Art. 6 Z. 1 hat das Reich „die ausschließliche Gesetzgebung über die Beziehungen zum Ausland". Nach Art. 78 ist „die Pflege der Beziehungen zu den auswärtigen Staaten ausschließlich Sache des Reichs". Damit ist das aktive und passive Gesandtschaftsrecht der Glieder, das passive Konsulatsrecht, das Recht, Staatsverträge zu schließen, grundsätzlich gefallen. Nur eine bescheidene Ausnahme hat sich noch in Art. 78 II hinüber gerettet: „In Angelegenheiten, deren Regelung der Landesgesetzgebung zusteht, können die Länder mit auswärtigen

Staaten Verträge schließen; die Verträge bedürfen der Zustimmung des Reichs". Mit Rücksicht auf die Einengung der Gesetzgebungszuständigkeit der Gliedstaaten hat diese Befugnis nur mehr nebensächliche Bedeutung, und dazu unterliegt sie der Überwachung des Reichs, ist also von ihm in Abhängigkeit geraten.

Auf dem Gebiete des Heerwesens sind alle Sonderrechte sowie alle grundsätzlichen Befugnisse der Einzelstaaten radikal beseitigt. Das Reich hat nach Art. 6 Z. 4 die ausschließliche Gesetzgebung über die Wehrverfassung, Art. 79 erklärt die Verteidigung als Reichssache, Art. 46 überträgt die Ernennung der Offiziere, Art. 47 den Oberbefehl über die gesamte Wehrmacht dem Reich.

Auch auf dem Gebiete des Finanzwesens ist die Macht des Reichs außerordentlich gesteigert worden. Das Reich hat freie Hand, alle Abgaben und sonstigen Einnahmen, die es braucht, für seine Zwecke in Anspruch zu nehmen (Art. 8). Daß die betreffende Gesetzgebung nicht zu einem ausschließlichen Recht gestaltet worden ist, bildet offenbar nur ein Versehen. — Es ist gewiß nicht daran gedacht, daß etwa Bayern befugt sein sollte, einen nicht geregelten Punkt des Reichsnotopfers für sein Landesgebiet durch eigene Gesetzgebung zu ordnen, wozu es formell berufen wäre. — Nach Artikel 8 steht die Gesetzgebung über solche Abgaben und Einnahmen, auf die das Reich nur teilweise seine Hand legt, ihm uneingeschränkt zu, also auch für den den Landesfinanzen belassenen Teil. Ja selbst auf reine Landesabgaben, die das Reich gar nicht in Anspruch nehmen will, erstreckt sich seine grundsätzliche Gesetzgebungsgewalt, soweit es sich um die Zulässigkeit und Erhebungsart handelt, zu dem Zweck, um die Reichsinteressen nach den verschiedensten näher bezeichneten Richtungen zu wahren (Art. 11). Bei alledem gibt die Verfassung nur die allgemein gehaltene Weisung, „auf die Erhaltung der Lebensfähigkeit der Länder Rücksicht zu nehmen (Art. 8 letzter Satz).

Nicht minder dehnt sich das Reich in der Finanz**verwaltung** nach allen Richtungen aus. Zunächst wird durch die Verfassung die reichseigene Verwaltung der Zölle und Verbrauchssteuern eingeführt (Art. 83), für die übrigen Zweige war vorerst die gliedstaatliche Verwaltung in Aussicht genommen, aber nach vom Reich aufgestellten Grundsätzen und unter seiner Aufsicht (84). Tatsächlich wurde der umgekehrte Weg eingeschlagen. Kaum war die Reichsverfassung ins Leben getreten, so erging auch schon das Gesetz vom 10. September 1919 über die Reichsfinanzverwaltung, wonach die Reichssteuern durch Reichsbehörden verwaltet werden (§ 1) und diesen auf Antrag einer Landesregierung die Verwaltung der Landessteuern übertragen werden kann (§ 12). Dieses Gesetz hat nunmehr entsprechend dem ursprünglichen Plan wieder Aufnahme in die Reichsabgabenordnung vom 13. 12. 1919 als deren Bestandteil gefunden. Die Folge der neuen Ordnung ist, daß der weitaus überwiegende Teil der gesamten Finanzverwaltung samt dem riesigen Beamtenkörper auf das Reich übergegangen ist.

Grundsätzlich gilt also jetzt in finanzieller Beziehung, daß das Reich nicht mehr auf die Gliedstaaten, sondern die Gliedstaaten auf das Reich angewiesen sind.

Das Gebiet der übrigen Gesetzgebung hält mit dem bisher besprochenen gleichen Schritt. Überall eine ungeahnte Ausweitung der Zuständigkeit des Reichs: Auf wirtschaftlichem Gebiet wird die Sozialisierung in Anspruch genommen, der Bergbau, fast das gesamte Verkehrswesen, zunächst Post- und Telegraph als ausschließlicher Bereich, dann Eisenbahnen, Binnenschiffahrt, Kraftfahrwesen, Luftschiffahrt, selbst der Bau wichtiger Landstraßen; Grundsätze wenigstens sollen aufgestellt werden dürfen für Bodenrecht, Bodenverteilung, Ansiedlungs- und Heimstättenwesen, die Bindung des Grundbesitzes. Auf sozialem Gebiet kommt in Frage das Arbeitsrecht, der Arbeitsnachweis, Fürsorge für Kriegsteilnehmer und Hinterbliebene, Bevölkerungspolitik, Mutterschafts-, Säuglings-, Kinder- und Jugendfürsorge, die Wohlfahrtspflege im allgemeinen, Grundsätze für das Recht der öffentlichen Beamten, das Wohnungswesen und die Bevölkerungsverteilung. Auf kulturellem Gebiet wird das Theater- und Lichtspielwesen einbezogen, die Grundsätze für die Rechte und Pflichten der Religionsgesellschaften, für das Schulwesen aller Arten einschließlich der Hochschule, für das wissenschaftliche Büchereiwesen. Ja schließlich wird sogar an eine einheitliche Gesetzgebung über den Schutz der öffentlichen Ordnung und Sicherheit, selbst an Grundsätze über das Bestattungswesen gedacht.

Dieser reiche in den Art. 7, 9 und 10 aufgestellte Katalog, der hier gar nicht erschöpfend wiedergegeben wurde, enthält allerdings fast durchwegs keine ausschließliche Gesetzgebung, aber immerhin das jederzeitige Recht, sich aller dieser Materien zu bemächtigen. Die Folge davon ist aber, daß die Tätigkeit der Landesgesetzgebung in ihrer Dauer und in ihrem Bestand vom Reichswillen abhängig wird. In Bezug auf die Sozialisierung ist überdies ausdrücklich ein Einspruchsrecht der Reichsregierung gegen Landesgesetze im Voraus eingeräumt, bevor also das Reich selbst gesetzgeberisch tätig wird (Art. 12 II).

Was sonach den Gliedstaaten an selbständiger Gesetzgebung bleibt, ist recht dürftig zu nennen. Im Wesen handelt es sich um die Kultivierung vor der Hochflut des Reichs geschützter höher gelegener Binnengebiete oder Inseln, bei denen die Pflege landschaftlicher Sonderheiten in den Vordergrund tritt. Darüber hinaus steht den Ländern eine Betätigungsmöglichkeit nur von Reiches Gnaden zu. Allerdings kann man an dieser Stelle die Bemerkung nicht unterdrücken, daß es sich bei diesem ganzen reichhaltigen Programm für die Gesetzgebung des Reichs vielfach um Zukunftspläne handelt, für die die grundlegende Voraussetzung, nämlich die Verfügung über die erforderlichen Mittel, noch zu schaffen sein wird.

In der Richtung der ganzen vom Reich verfolgten Zuständigkeitspolitik liegt es, daß auch auf dem Gebiet der Verwaltung ein kräftiger Schritt nach vorwärts getan wird. Hierher gehört die Übernahme des gesamten Post- und Telegraphenwesens unter Aufsaugung der Bayerischen und Württembergischen Verwaltung, die Übernahme der Staatsbahnen, der großen Wasserstraßen und der Seezeichen bis spätestens 1. April 1921 (Art. 88, 89, 97, 101, 170, 171). Den Ländern bleiben sonach, da ja auch die Heeresorganisation und der überwiegende Teil der Finanzämter auf das Reich übergeht, im wesentlichen nur die Behörden der inneren Verwaltung. Aber selbst deren unangefochtener Besitz ruht nur auf dem Grunde einfacher Reichsgesetze, da Art. 14 die Möglichkeit vorsieht, ohne weiteres zur Durchführung aller Reichsgesetze reichseigene Behörden ins Leben zu rufen.

Wir sehen also, die politische Umschichtung hat tatsächlich auf weiten Gebieten das System der reinlichen Scheidung der Bundes- und Gliedstaatssphären gegenüber dem System der gegenseitigen Durchdringung an Boden gewinnen lassen.

Eine Oase in dieser Verödung der Landesherrlichkeit bildet nur das Gerichtswesen, bei welchem sich das Reich in weiser Zurückhaltung wie bisher mit dem die Einheitlichkeit der Rechtspflege verkörpernden Reichsgericht begnügt (Art. 103).

Bei alledem spielt es natürlich eine sehr maßgebende Rolle, daß mit der außerordentlichen Ausdehnung der Reichsverwaltung zugleich die Übernahme des weitaus überwiegenden Teils des staatlichen Beamtentums erfolgt. Gerade die große Personalstände des Heeres, Zollwesens, der Finanzverwaltung, der Post und der Eisenbahnen sind betroffen; so verfügt das Reich künftig über einen riesigen Personalkörper und erhält damit einen sehr bedeutenden Machtzuwachs. Die Kehrseite allerdings ist die außerordentliche Vervielfachung des Staatshaushalts.

Ziehen wir jetzt wieder die Summe aus diesen Betrachtungen. Wir sehen einen ungeheuren Fortschritt des Unitarismus auf allen Gebieten der Gesetzgebung und Verwaltung, dem gegenüber ein Zurückdrängen des Föderalismus und der Selbständigkeit der Gliedstaaten auf ein Mindestmaß landschaftlichen Betätigungsgebietes, ein Herabdrücken der Gliedstaaten auf den Stand von höheren vom Reich abhängigen Selbstverwaltungskörpern, von Territorien des Reichs: zu deutsch Ländern. Und daher ist es auch vollauf begründet, daß die Gliedstaaten nunmehr von Gesetzes wegen so bezeichnet werden; Staaten im politischen Sinne sind sie nicht mehr.

Über diesen Punkt sollen im vorliegenden Zusammenhang noch einige Worte gesagt werden. Es spielt hier nämlich noch ein weiterer Unterschied zwischen der alten Reichsverfassung und der neuen eine Rolle. Die erstere hat keinerlei Bestimmungen über die Staats- und Verfassungsform der Gliedstaaten, es bestand vielmehr volle Freiheit der politischen Organisation, die denn auch bei den 22 Monarchien und 3 Republiken eine ganze Musterkarte von Gestaltungen aufwies.

Die neue Verfassung der freien Republik ist wesentlich unfreier. Art. 17 bestimmt: „Jedes Land muß eine freistaatliche Verfassung haben. Die Volksvertretung muß in allgemeiner, gleicher, unmittelbarer und geheimer Wahl von allen reichsdeutschen Männern und Frauen nach den Grundsätzen der Verhältniswahl gewählt werden. Die Landesregierung bedarf des Vertrauens der Volksvertretung". Der Vollständigkeit halber sei hier auch gleich der Absatz II wiedergegeben: „Die Grundsätze für die Wahlen zur Volksvertretung gelten auch für die Gemeindewahlen. Jedoch kann durch Landesgesetz die Wahlberechtigung von der Dauer des Aufenthalts in der Gemeinde bis zu einem Jahre abhängig gemacht werden."

Also alle wichtigen Punkte sind vorgeschrieben: Staatsform, innerer Aufbau, Wahlrecht, Einkammersystem, parlamentarische Regierungsform. Die praktische Bedeutung dieser Bestimmung liegt vor allem in der Verhinderung der Rätediktatur in den Gliedstaaten. Vom Standpunkt des hier erörterten Problems aber ist zu sagen: Damit ist den Ländern die Organisationsfreiheit genommen, nur ein beschränkter Raum für eigene Gestaltung gelassen. Sie sind nicht wesentlich anders gestellt wie etwas freier behandelte Selbstverwaltungskörper. Das stimmt also mit dem oben gewonnenen politischen Bild überein.

Dazu kommt noch ein Moment von großer politischer Bedeutung. Die neue Verfassung nimmt nämlich der Staatszugehörigkeit zu den einzelnen Ländern ihren wesentlichen Inhalt. Daß die Reichsangehörigkeit in der Regel als eine Folgewirkung der Gliedstaatsangehörigkeit eingerichtet ist (110), entspricht durchaus der Idee der bundesstaatlichen Organisation. Darüber hinaus geht es schon, wenn bereits im alten Reich die Regelung der Angehörigkeit zum Reich und zu den Gliedstaaten durch die Reichsgesetzgebung in Anspruch genommen wurde. Das rechtfertigt sich aber rein technisch aus Gründen einer gleichmäßigen Ordnung. Ein ganz anderes Gesicht zeigt dagegen die in Art. 110 II aufgenommene Regel: „Jeder Deutsche hat in jedem Land des Reiches die gleichen Rechte und Pflichten wie die Angehörigen des Landes selbst". Da diese Norm eine Gleichstellung auch in Bezug auf alle politischen Rechte bringt, hebt sie jeden erheblichen Unterschied zwischen den Angehörigen der verschiedenen Länder auch im Verhältnis zu diesen auf. Nur wo es sich nicht um ausgesprochene Rechte und Pflichten handelt, bleibt der Unterschied praktisch noch bestehen. Zum Überfluß hat noch überdies Art. 17 ausdrücklich das aktive Wahlrecht aller Reichsdeutschen zu den Gliedstaatsparlamenten und Gemeindevertretungen vorgeschrieben.

Nun muß aber, um an dieser Stelle auch auf das rechtliche Gebiet hinüberzugreifen, doch gesagt werden, daß die Aussage über die Einbuße der Staatseigenschaft im politischen Sinn noch keine Negation der juristischen Staatseigenschaft bedeutet. Denn beide Seiten der Sache müssen sich durchaus nicht decken. Ein Staat im politischen Sinn muß nicht unbedingt ein Staat im Rechtssinn sein, und ein politisches Gemeinwesen kann nach Verlust seiner Staatseigenschaft noch immer von Rechts wegen Staat bleiben. Maßgebend für den juristischen Staatsbegriff ist die Tatsache einer eigenen Herrschaft, die in einer eigenen Gesetzgebung, der Schaffung von Rechtsnormen zum Ausdruck kommt. Denn in der eigenen Rechtssetzung ist der Staat notwendig vom Rechte, das er ja erst schaffen will, frei, nur durch seinen eigenen Willen bestimmt, also unabhängig, besitzt Macht aus eigenem Recht und Recht aus eigener Macht, d. h. Herrschaft. Wie groß das räumliche oder sachliche Betätigungsgebiet der Herrschaft ist, bleibt für diese spezifische Eigenart des Staates der Natur der Sache nach ohne Belang, die Größe der Macht ist eben nur ein Unterscheidungsmerkmal, von dem erst die Rede sein kann, wenn die Grundtatsache vorausgesetzt ist. Wir sehen hier ein deutliches Beispiel für den Unterschied der formaljuristischen und der materiell-politischen Betrachtungsweise.

Übrigens besteht genau die gleiche Situation auch bei den anderen Einzelerscheinungen der Bundesstaatskategorie. Weder die Unionsstaaten noch die Schweizer Kantone sind Staaten im politischen Sinn, mit eigener Machtstellung nach außen und innen. Rechtlich ist ihre Staatseigenschaft unbestritten. Auch bei ihnen finden sich weitgehende Beschränkungen der politischen Organisation, die republikanische Staatsform ist festgelegt, außerdem bestehen sonstige Bestimmungen des Bundes über die Verfassung der Gliedstaaten. Die deutschen Länder stehen also grundsätzlich nicht anders. Schließlich kann man auch nicht behaupten, daß im alten Reich die Mittel- und vor allem die Kleinstaaten politisch eigentlich Staaten gewesen wären. Näher besehen war nur Preußen und Bayern ein Staat, der imstande war, eine eigene selbständige Politik, die irgend wie ins Gewicht fallen konnte, zu betreiben. Dazu kommt noch, daß zwar die aktuelle, tatsächlich eingeräumte Zuständigkeit der Gliedstaaten in der früheren Verfassung wesentlich größer war, als in der neuen, daß aber grundsätzlich dem Reich die Befugnis zustand, durch seine eigene Verfassungsgesetzgebung im wesentlichen ohne Zustimmung der Glieder die Reichszuständigkeit beliebig zu erweitern. Letzten Endes hing die Machtbefugnis der Einzelstaaten doch hauptsächlich von dem

Einfluß ab, der ihnen auf die Verfassungsgesetzgebung zustand, m. a. W. von ihrem Anteil an der Ausübung der Reichsgewalt. Damit ist der Übergang zu unserem zweiten Fragenkomplex gegeben.

C. Die innere Organisation.

1. Im alten Reich.

Folgende Fragen stehen zur Beantwortung: Welche politisch maßgebenden Faktoren kamen in Betracht? Wie war die Macht unter sie verteilt?

Es gab im ganzen vier Hauptorgane, den Reichstag, den Bundesrat, den Kaiser, den Kanzler. Von diesen war der Reichstag, vom gesamten Volk im Reich gewählt, zweifellos unitarisch, bildete die Verkörperung der Reichseinheit. Der Bundesrat, die Fortsetzung des alten Bundestags von 1815 bis 1866, eine Versammlung der Bevollmächtigten der einzelstaatlichen Regierungen, der sog. verbündeten Regierungen und in persönlicher Beziehung der deutschen Fürsten und der Senate der freien Städte, war zweifellos föderalistisch, stellte die Verkörperung der bundesstaatlichen Zusammensetzung dar. Der Kaiser als Vorsitzender des Reichs, „Bundespräsidium", erscheint zunächst als Verkörperung der Reichseinheit. Der Kanzler, sein erster Gehilfe und einziger Minister, war zunächst Organ des Reichs und verkörperte damit ebenfalls die Reichseinheit.

Danach überwiegt auf den ersten Blick das unitarische Element, indem dem Bundesrat als föderativem Organ Reichstag, Kaiser und Kanzler als unitarische Faktoren gegenüberstehen. Aber nur auf den ersten Blick. Denn der Kaiser war nicht nur Vorsitzender des Reichs, sondern auch König von Preußen, Herrscher des weitaus größten Gliedstaats mit vier Siebentel des Reichs an Gebiet und Bevölkerung, gerade wegen dieser Stellung zum Bundesvorsitz berufen. Und entsprechend war der Kanzler nicht nur des Reiches Minister, sondern zugleich, wenn auch nicht de jure, so doch de facto notwendiger Führer der preußischen Stimmen im Bundesrat und darum Ministerpräsident des größten Gliedstaats. Zufolge dieser Zusammenhänge ergibt sich eine gewaltige Verschiebung des politischen Schwergewichts. Die größte Machtfülle lag bei Organen, die ihre Wurzeln nicht im Reichsboden, sondern im Boden der Gliedstaaten hatten. Weiters ist damit aber auch gegeben, daß unter allen Gliedstaaten einer eine alle überragende Stellung besaß, daß Preußen die Vormacht, die Hegemonie zufiel. Diese besondere Position kam dann folgerichtig noch in einer Reihe von anderen Einrichtungen des Reichs zum Ausdruck, vor allem in der Stellung Preußens in dem föderalistischen Organ, dem Bundesrat. Über diesen sind einige Worte geboten.

Im Bundesrat waren alle Gliedstaaten mit zusammen 58 Stimmen vertreten — von Elsaß-Lothringen kann hier füglich abgesehen werden. Die Stimmen waren auf die einzelnen Staaten nicht etwa mit arithmetischer Gleichheit, sondern nach ihrer Größe, allerdings nicht mathematisch, vielmehr nach einem historisch in den Verhältnissen des alten deutschen Bundes begründeten Schlüssel verteilt. Preußen hatte danach nur 17, etwas weniger als ein Drittel, statt etwa 32 oder die absolute Mehrheit, aber genügend, um Verfassungsänderungen hintanzuhalten, wozu 14 Stimmen ausreichend waren. Die süddeutschen Staaten Bayern, Württemberg, Baden und Hessen verfügten zusammen über 16 Stimmen, mit Sachsen über 20, und eine ebenso starke Gruppe bildeten die Kleinstaaten mit zusammen 21 Stimmen. Allerdings befand sich ein großer Teil der Kleinstaaten in politischer und wirtschaftlicher Abhängigkeit von Preußen und verschaffte so dem größten Staat das tatsächliche Übergewicht. Er wurde fast nie überstimmt, hatte überdies in einigen wichtigen Fragen ein absolutes Veto. Der Vorsitz im Bundesrat war Sache des Reichskanzlers, kam also Preußen zu. Übrigens galt es als Tradition, wenn immer möglich, keine Kampfabstimmungen vorzunehmen, sondern eine Einigung herbeizuführen. Dabei ließen sich die süddeutschen

Staaten im allgemeinen die preußische Führung gern gefallen; bot sie ihnen doch zugleich den Schutz ihrer eigenen politischen Stellung, die Gewähr der monarchisch-konstitutionellen Verfassung, und sicherte ihnen die Behauptung ihrer Sonderrechte.

Die geistige Atmosphäre im Bundesrat war durch seine persönliche Zusammensetzung bestimmt. Die Einzelstaaten waren durch ihre höhere Beamtenschaft vertreten, so daß dort eine Elite des deutschen Beamtentums mit seiner traditionellen, durch eine gewisse sachliche Selbständigkeit charakterisierten Stellung versammelt war, während die politische Orientierung — abgesehen von den Hansastädten — durch die konstitutionell monarchischen Regierungen erfolgte, deren Haltung in erster Reihe durch das Verhältnis zu ihren Fürsten, in zweiter Linie erst durch die innerpolitisch-parlamentarischen Gestaltungen in den Ländern bestimmt war. So handelte es sich tatsächlich im wesentlichen um eine Gesandtenkonferenz monarchischer Mittel- und Kleinstaaten. Die Ausschaltung des parteipolitischen Elements war noch überdies durch das Verbot der gleichzeitigen Mitgliedschaft zu Bundesrat und Reichstag verbürgt, ein Verbot, das erst in der Sterbestunde der Monarchie aufgehoben wurde.

Der preußische Einfluß machte sich aber nicht nur durch den Kaiser und Kanzler — innerhalb und außerhalb des Bundesrats —, sondern auch auf den Kaiser und Kanzler, nämlich als preußisches Staatsoberhaupt und insbesondere auf den letzteren als preußischen Ministerpräsidenten geltend. Einmal bestand eine gewisse Abhängigkeit vom preußischen Landtag und, da dort in beiden Kammern Adel und Besitz dominierten, von dieser politischen Oberschicht. Dann war der Reichskanzler auch auf das preußische Ministerium in gewisser Beziehung angewiesen, in dem er wegen der kollegialen Organisation nicht Untergebenen zu befehlen, sondern sich mit Gleichgestellten auseinanderzusetzen hatte. Eine dritte Quelle des preußischen Einflusses lag darin, daß es — wie wir gesehen haben — keine politische Reichsverwaltung gab, daß die Durchführung der

Reichsgesetze vielmehr durch die Gliedstaatsbehörden erfolgen mußte und daher durch deren geistige Verfassung mit bestimmt war. Naturgemäß fiel dabei der Bureaukratie des größten Staates ein ausschlaggebender Einfluß zu.

Soviel über die Organe des Reichs. Wie war nun die politische Macht unter diese verteilt?

Der Reichstag, der Vertreter der breiten Schichten des deutschen Volkes, war nur an der Gesetzgebung und der Festsetzung des Staatshaushalts beteiligt. Dadurch kam ihm allerdings ein gewisser Einfluß auf die innere Politik zu. Aber in keiner Beziehung war der Reichstag selbständig, vielmehr in jedem Punkt an die Mitwirkung des Bundesrats gebunden, der demnach als föderalistische und konservative Bremsvorrichtung fungieren konnte. Nur in negativer Richtung konnte der Reichstag selbständig vorgehen, nämlich die Vorschläge der Reichsleitung ablehnen und damit durchkreuzen. Dagegen gab es denn auch seitens des Bundesrats keine Abhilfe.

Der Bundesrat seinerseits war ein gesetzgebender Faktor, genau wie der Reichstag. Wenn die Theorie häufig einen Unterschied herausfinden und dem Bundesrat eine höhere Stellung im Gesetzgebungsprozeß zusprechen wollte, so ging sie dabei fehl. Denn es bestand vollkommenes Gleichmaß ihres Einflusses, jeder Teil konnte allein einen gesetzgeberischen Akt verhindern, keiner allein einen derartigen Akt erzwingen. Über das Gebiet der Gesetzgebung hinaus aber war der Bundesrat in hervorragender Weise an der Leitung der Verwaltung beteiligt durch die Verordnungsgewalt, d. h. die Befugnis auf Grund gesetzlicher Ermächtigung Rechtsvorschriften zu erlassen, durch das Recht, allgemeine Anweisungen an die Behörden zu geben, über Einrichtungen der Reichsverwaltung zu entscheiden, an den Ernennungen und anderen wichtigen Regierungsakten des Kaisers und Kanzlers mitzuwirken.

Der Bundesrat war also alles in allem bedeutend stärker als der Reichstag.

Der K a i s e r hatte als solcher keinen Einfluß auf den Inhalt der Gesetzgebung, da ihm nur die formelle Ausfertigung der bereits beschlossenen Gesetze und der Vollzug oblag, wohl aber hatte er eine sehr maßgebende Einwirkung durch die preußischen Stimmen im Bundesrat. Außerdem ergab sich eine nicht zu unterschätzende mittelbare Ingerenz auf die gesetzgebende Tätigkeit daraus, daß ihr Funktionieren von den kaiserlichen Willensentschließungen abhängig war. Oblag doch dem Bundespräsidium Berufung, Vertagung, Schließung und Auflösung des Reichstags sowie Berufung, Vertagung und Schließung des Bundesrats. Von ausschlaggebender Bedeutung aber war der kaiserliche Wille für die Durchführung der Reichsgesetze, die Verwaltung, vor allem schon deswegen, weil ihm die Ernennung und Entlassung des Kanzlers und aller übrigen Beamten zustand. Dazu kam im Bereich des Heerwesens seine überragende Stellung, zufolge der Doppeleigenschaft als Bundesfeldherr und preußischer Kontingentherr. Sonach ergibt sich, daß auf dem Gebiet der inneren Politik der Kaiser seinen Einfluß mit dem des Reichstages und den im Bundesrat zur Geltung kommenden nichtpreußischen Einflüssen zu teilen hatte. Dagegen war er in bezug auf die äußere Politik im wesentlichen selbständig. Das dabei verwandte Personal bestand ausschließlich aus Männern seiner Wahl, und er verfügte, was von ausschaggebender Bedeutung war, bedingungslos über die Wehrmacht.

Der K a n z l e r stand in engstem Verhältnis zum Kaiser. Einerseits war er in bezug auf seine Berufung und Entlassung vollkommen von ihm abhängig, bedurfte also seines fortgesetzten Vertrauens. Andererseits aber hatte er das Recht der Gegenzeichnung und damit der Zustimmung zu allen Regierungsakten, für die ihn die Verantwortung traf. So trat er seinem Herrn als gleichberechtigter Faktor gegenüber, und es war letzten Endes eine Frage der stärkeren Persönlichkeit, wer von beiden seine Meinung durchzusetzen wußte. Im Verhältnis zum Reichstag war der Kanzler im allgemeinen selbständig, da er nicht auf dessen Vertrauen angewiesen war. Das galt vor allem auf dem Gebiet der Außenpolitik; dagegen bestand innerpolitisch eine gewisse Abhängigkeit, die sich auf die Mitwirkungsrechte des Parlaments gründete. Im Bundesrat führte der Reichskanzler den Vorsitz und die preußischen wie die Annexstimmen. Zu diesen Aufgaben kam dann seine Stellung als Chef der ganzen Reichsverwaltung, der insbesondere die Ausarbeitung der großen Reichsgesetze und die Schaffung der großen Einrichtungen des Reichs anvertraut war. Schließlich hatte er noch als preußischer Ministerpräsident die Leitung der inneren Politik und der Gesamtverwaltung eines Staates von respektabler Größe. All das zusammen genommen, eine ungeheure Fülle von Aufgaben, die nur ein Riese auf seine Schultern nehmen konnte. Bei einer schwächeren Person bestand naturgemäß die Gefahr, daß sich der Zusammenhalt der Teile lockerte, die einzelnen Zweige selbständig wurden und schließlich die Einheitlichkeit der Verwaltung verloren ging.

Das Ergebnis dieser Betrachtung ist kurz zusammengefaßt folgendes. Die auswärtige Politik des Reichs war Sache des Kaisers und des Kanzlers, die innere Politik Gegenstand des Zusammenwirkens des Kaisers, des Kanzlers, der preußischen Faktoren, der übrigen deutschen Gliedstaaten und schließlich des Reichstags in bezug auf Gesetzgebung und Feststellung der großen Richtlinien, endlich die Verwaltung gemeinsames Betätigungsgebiet des Reichs, Preußens und der anderen Einzelstaaten. Jedenfalls war so, vom Standpunkt der Bundesglieder aus betrachtet, ihnen eine ausgiebige Machtstellung gesichert, eine andauernde Regierung gegen ihre Interessen unmöglich gemacht.

2. Im neuen Reich.

Die politische Macht ist nunmehr auf fünf Faktoren aufgeteilt, den Reichstag, den Reichsrat, den Reichspräsidenten, die Reichsregierung und das Volk. Es kehren also die vier alten Organe in veränderter Form wieder, und dazu tritt als neuer Faktor das Volk.

Der Reichstag ist unitarisch, ebenso das Volk selbst, der Reichsrat föderalistisch, der Reichspräsident unitarisch, die Reichsregierung ebenso. Es stehen also jetzt vier gegen eins. Was aber die Hauptsache ist, alle diese Faktoren wirken rein im Sinne ihrer Tendenz, insbesondere sind der Reichspräsident und die Reichsregierung vollkommen von den Einzelstaaten losgelöst, ausschließlich Reichsorgane. Damit ist zugleich gesagt, daß die preußische Hegemonie gefallen ist. Das starke Überwiegen der unitarischen Faktoren sticht in die Augen.

Der preußische Einfluß ist gleich dem aller übrigen Einzelstaaten auf den Reichsrat beschränkt. In diesem ist eine Neuregelung des Stimmenverhältnisses erfolgt, ganz losgelöst von der historischen Grundlage. Als Grundsatz gilt, daß jeder Staat eine Stimme hat, bei den größeren entfällt auf je eine Million Einwohner eine Stimme und eine weitere auf den Überschuß, der mindestens der Einwohnerzahl des kleinsten Landes gleich ist (61). Nach diesem Grundsatz wäre die preußische Majorität gegeben. Um sie zu verhindern, ist zum Nachteil Preußens für ein Land die Höchstzahl der Stimmen mit Zweifünftel der Gesamtzahl begrenzt. Die Stimmenverteilung wird periodisch nach jeder Volkszählung neu festgesetzt. Gegenwärtig sind 63 Stimmen vorgesehen, und zwar kommen auf Preußen 25, auf Bayern 7, auf Sachsen 5, auf Baden und Württemberg je 3, auf alle übrigen je 1. Das Stimmenverhältnis wäre also für Preußen günstiger als früher. Aber ihm gebührt nicht mehr der Vorsitz, der vielmehr von einem Mitglied der Reichsregierung geführt wird (65), das, weil von keiner Gliedstaatsregierung entsandt, selbst nicht Reichsratsmitglied ist und kein Stimmrecht hat. Ferner bestimmt Art. 63 I, daß die Hälfte der preußischen Stimmen von den Provinzialverwaltungen zu stellen ist, daher nicht dem Einfluß des preußischen Ministeriums untersteht. Dadurch sinkt die Zahl der preußischen Landesstimmen auf 12—13, der Stimmenzuwachs wird also vollständig aufgehoben. Die nähere Regelung soll durch ein Landesgesetz erfolgen; bis dieses ergeht, aber höchstens auf ein Jahr, bleibt der preußischen Regierung noch das Ernennungsrecht für alle Bevollmächtigten überlassen (168).

Der Sonderstellung Preußens liegt folgender Gedanke zugrunde. Es soll auf der einen Seite die Stellung der preußischen Provinzen allmählich ausgestaltet, ihre rechtliche und politische Macht gestärkt werden. Auf der andern Seite steht der Abbau der Vollgewalt der übrigen Gliedstaaten, die Verringerung ihrer rechtlichen und politischen Macht. Die weitere Entwicklung soll dann von selbst dazu führen, daß sich die aufsteigenden preußischen Provinzen und die herabgleitenden nichtpreußischen Länder auf einer mittleren Linie treffen und so einen organischen Ausgleich ihrer politischen und rechtlichen Stellung vollziehen. Damit wäre man von entgegengesetzten Ausgangspunkten aus zu dem übereinstimmenden Typus höchster Selbstverwaltungsverbände gelangt, die sich dann als Glieder eines dezentralisierten Einheitsstaates zu dem Bau des Reichs zusammenfügen würden. —

Was die innere Zusammensetzung des Reichsrats betrifft, so besteht keinerlei Schranke gegen den Eintritt von Parlamentariern im allgemeinen und Reichstagsabgeordneten im besonderen. Im Gegenteil, es ist bestimmt, daß die Vertretung der Länder durch Mitglieder ihrer Regierungen erfolgen soll (Art. 63), die ja in der Hauptsache aus den Länderparlamenten hervorgegangen sind. Die Praxis hat allerdings in der Form der stellvertretenden Mitglieder dem höheren Beamtentum die bisherige Mitwirkung offen gehalten, da ja die Einzelstaatsminister an der fortlaufenden Arbeit des ständig versammelten Reichsrats praktisch nicht teilnehmen können. Aber diese Beamtenschaft ist jetzt in ganz anderer Weise von den politischen Verhältnissen in den Ländern abhängig, da sie ihre Instruktionen durchwegs von parlamentarischen Regierungen empfängt.

Wenn nunmehr die Machtverteilung unter den fünf maßgebenden Faktoren der neuen Reichsorganisation ins Auge gefaßt werden soll, so ist eine so eingehende Prüfung wie beim alten Reich nicht mehr erforderlich. Denn die vier Organe Reichstag, Volk, Reichspräsident und Reichsregierung sind, wie oben betont, rein unitarisch, kommen also vom Standpunkt der Geltendmachung der Gliedstaatsinteressen nicht in Betracht. Es hat uns also nur noch die Stellung des föderalistisch orientierten Reichsrates näher zu befassen.

Dieser hat gegenüber dem Bundesrat außerordentlich an Machtvollkommenheit eingebüßt. Auf dem Gebiet der Gesetzgebung zunächst ist die Gleichberechtigung mit dem Reichstag verschwunden. Der Reichsrat ist jetzt unmittelbar an dem Beschluß der Reichsgesetze gar nicht mehr beteiligt, nur die Regierungsvorlagen müssen ihm vorgelegt werden, ohne daß aber sein Widerspruch ihre Einbringung im Reichstag zu verhindern vermöchte. In einem solchen Falle steht den Ländern kein anderes Recht zu, als ihren Standpunkt vor dem Hause zu vertreten. Gegen Beschlüsse des Reichstags ist dem Reichsrat nur ein Einspruchsrecht gewährt, das in der Regel zur Volksabstimmung führt, unter Umständen aber, wie noch später zu zeigen sein wird, letztlich ganz wirkungslos bleibt. Höchstens wenn die Reichstagsmehrheit klein ist, kann der Reichspräsident sich mit dem Reichsrat in der Weise verbünden, daß er das Gesetz auf Grund des erhobenen Einspruchs des Reichsrats scheitern läßt. Auch hier wird das Einzelne noch zu besprechen sein.

Es ist sonach aus historischen Reminiszenzen zu erklären, wenn die Formel, die für die Verkündung der Reichsgesetze verwendet wird, folgendermaßen lautet: „Die verfassunggebende Deutsche Nationalversammlung hat das folgende Gesetz beschlossen, das mit" — manchmal heißt es auch „nach" — „Zustimmung des Reichsrates hiermit verkündet wird". Von Rechts wegen kommt es auf diese Zustimmung gar nicht mehr an. Nach dem Gesetz über die vorläufige Reichsgewalt, welches der Reichsverfassung vorausgegangen ist, war der Rechtsnachfolger des alten Bundesrats und der Vorgänger des neuen Reichsrats, der Staatenausschuß, allerdings dem

Reichstag in bezug auf die Gesetzgebung ebenbürtig, und damals ist die jetzige Formel geprägt worden. Sie hat also die inzwischen eingetretene Machtverschiebung ahnungslos überdauert.

Nur in bezug auf den Haushaltplan bedarf der Reichstag der Zustimmung des Reichsrates, wenn er Ausgaben erhöhen oder neu einsetzen will. Jedoch kann auch diese Zustimmung ersetzt werden und zwar in derselben Weise, in der dem Einspruch des Reichsrates gegen Gesetze seine Wirkung benommen werden kann (85 IV und V).

Auch in bezug auf die Verwaltung ist der Einfluß des Reichsrats gegenüber dem Bundesrat stark herabgedrückt worden. Die Verordnungsgewalt, also die Befugnis auf Grund besonderer gesetzlicher Ermächtigungen Rechtsnormen zu schaffen, wird durch Art. 179 vom Bundesrat und Staatenausschuß auf die Reichsregierung übertragen, ebenso das Recht, Verwaltungsvorschriften zu erlassen (Art. 15 II und 77). Der Reichsrat hat nnr in besonderen Fällen, vor allem wenn die Ausführung Sache der Landesbehörden ist (Art. 77), seine Zustimmung zu erteilen.

Auch für die laufende Verwaltung ist der Einfluß des Reichsrats nicht mehr von ausschlaggebender Bedeutung. Zwar tritt er, soweit die ältere Gesetzgebung die Zuständigkeit des Bundesrats oder Staatenausschusses begründet hat, dessen Erbe an und wird auch in Zukunft gelegentlich ähnliche Funktionen übertragen bekommen. Die Verfassung selbst verlangt indes nur (Art. 67), daß er von den einzelnen Reichsministerien über die Führung der Reichsgeschäfte auf dem Laufenden erhalten wird, und erklärt es ferner für geboten, daß seine Ausschüsse zu Beratungen über wichtige Gegenstände herangezogen werden. In beiden Fällen handelt es sich also um kein entscheidendes Votum, vielmehr nur um die Gelegenheit zur Betonung seiner Stellungnahme, wie ja auch im Grunde genommen die Stellung des Reichsrats bei der Gesetzgebung nicht viel anders gestaltet ist.

Immerhin darf nicht übersehen werden, daß das Gewicht der reichsrätlichen Stimme nicht allein von dem ihr zugemessenen formalen Recht, sondern ebenso sehr von der praktischen Gestaltung der politischen Kraft- und Spannungsverhältnisse, in erster Linie aber davon abhängt, ob die Reichsregierung und der Reichstag dem Kampf oder dem Ausgleich zwischen den Reichs- und den Länderinteressen den Vorzug geben und darum in friedlicher Zusammenarbeit oder in kühler Entfremdung der Vertreter des Ganzen und seiner Teile das Heil der Zukunft sehen. —

Unser Ergebnis sowohl in bezug auf den Aufbau der neuen Reichsorgane wie in bezug auf die Machtverteilung unter ihnen geht also dahin, daß der Einfluß der Länder auf die Reichsgewalt außerordentlich vermindert worden ist. War früher für den Verlust an eigener politischer Macht durch den Gewinn des Anteils an der Bundesgewalt Ersatz geboten worden, so hat jetzt der erhöhte Verlust an eigener Stellung durch die Abschwächung des Einflusses auf das Reich noch eine Steigerung erfahren. Unter solchen Verhältnissen ist es gar nicht undenkbar, daß der Schwerpunkt der Vertretung der Länderinteressen in den Reichstag hinübergleitet, da ja durch die Demokratisierung der Landesverfassungen die gleichen politischen Gruppen im Reichstag und in den Landesregierungen vertreten sind. Schließlich darf allerdings nicht ganz übersehen werden, daß ein gewisses Maß von Einfluß auf die innere Politik und auf die Verwaltung im Reich den Ländern von der Seite ihrer eigenen Gesetzgebungszuständigkeit und ihrer darüber hinausgehenden Verwaltungskompetenz zur Verfügung steht.

D. Der Bestand der Gliedstaaten.

1. Im alten Reich.

Der Schöpfer des Reichs hatte immer den größten Wert darauf gelegt, den Gedanken eines Bundes der Fürsten und freien Städte, die als berechtigte Subjekte der Reichsgewalt anzusehen seien, lebendig zu erhalten. Daher war ein Eingriff in die Existenz oder Integrität der Gliedstaaten politisch ausgeschlossen; er hätte ja die Grundlagen des ganzen Baus erschüttert.

Es ist wieder interessant, festzustellen, daß rechtlich die Lage durchaus anders war. Es bestand nämlich nach der früheren Verfassung keinerlei Hindernis, daß sich das Reich im Wege Rechtens in einen Einheitsstaat verwandelt hätte. Dazu hätte es genügt, im Wege der Verfassungsänderung alle staatlichen Zuständigkeiten auf die Reichsgewalt zu übernehmen und dann die Organisation des Reichs entsprechend zu ändern. Praktisch allerdings kam eine solche Entwicklung kaum in Frage, da ja selbst bei überwiegender zentralistischer Strömung 14 Stimmen im Bundesrat ein unbedingtes Nein aussprechen konnten. Überdies hätten sich die Fürsten selbst depossedieren müssen.

Bestritten war es demgegenüber, ob von Rechts wegen einzelne Gliedstaaten gegen ihren Willen aufgehoben werden konnten. Es wurde dagegen geltend gemacht, daß ein solches Vorgehen die grundsätzliche Gleichheit der Mitgliedschaftsrechte aller Einzelstaaten am Reich verletzt hätte. Dieser Einwand ist aber nicht stichhaltig. Denn eine solche grundsätzliche Gleichheit konnte höchstens als politisches Postulat, nicht als rechtlich festgelegte Norm behauptet werden. Im Gegenteil, durch die Einräumung von mancherlei Vorrechten an einzelne Gliedstaaten war die rechtliche Ungleichheit ausdrücklich anerkannt. Es wäre also formalrechtlich durchaus möglich gewesen, von Reichs wegen die ganze Staatsgewalt eines Bundesglieds aufzuheben und der Reichsgewalt einzuverleiben oder diesen Staat einem anderen Einzelstaat anzugliedern. Nur gegenüber einzelnen Staaten schied eine solche rechtliche Möglichkeit aus, gegenüber den Staaten nämlich, denen der Art. 78 II der früheren Reichsverfassung zugute kam. Dieser besagte: „Diejenigen Vorschriften der Reichsverfassung, durch welche bestimmte Rechte einzelner Bundesstaaten in deren Verhältnis zur Gesamtheit festgestellt sind, können nur mit Zustimmung des berechtigten Bundesstaats abgeändert werden." Das waren die sog. Sonderrechte, wie sie vor allem zugunsten Preußens, Bayerns, Württembergs und Badens vorgesehen waren. Das in den einzelnen Sonderrechten verkörperte Maß von eigener Staatlichkeit war unantastbar, das Sonderrecht gewährte somit zugleich das Recht auf Existenz.

Was die Integrität der Einzelstaaten betraf, so sah keine Bestimmung der Reichsverfassung einen Eingriff vor. Es hätte also eine neue Verfassungsvorschrift geschaffen werden müssen, um die Handhabe zu bieten. Das Nein von 14 Stimmen im Bundesrat genügte wieder, um eine solche Änderung zu verhindern. Wie die Rechtslage also war, konnten sich Änderungen im Territorialbestand nur im Wege der freien Vereinbarung zwischen Gliedstaat und Gliedstaat vollziehen. Sie kamen in Form von Grenzberichtigungen auch wiederholt vor. Das Reich nahm darauf keine weitere Ingerenz. Erst wenn wegen einer Verschiebung der Kräfteverhältnisse eine Rückwirkung auf die Zusammensetzung des Bundesrats fraglich geworden wäre, hätte die Reichsverfassungsgesetzgebung dazu Stellung nehmen müssen.

2. Im neuen Reich.

Nichts ist bezeichnender für die vollständige Änderung der politischen Grundlagen als die Stellungnahme der neuen Reichsverfassung zu dem Problem der Existenz und Integrität der Länder. Im Verhältnis zum Ausland überträgt das neue Recht die Verfügung über das Gebiet der Länder auf das Reich, bindet sie aber an die vorherige Zustimmung des betroffenen Gliedstaates (Art. 78 III). Dagegen ist selbst vom partikularistischen Standpunkt sachlich nichts einzuwenden. Ganz anders wird die Stellung der Länder im Innern des Reichs behandelt. Art. 18 I Satz 1 bestimmt: „Die Gliederung des Reichs in Länder soll unter möglichster Berücksichtigung des Willens der beteiligten Bevölkerung der wirtschaftlichen und kulturellen Höchstleistung des Volkes dienen." Wenn man diesen Satz liest, so sollte man meinen, es handle sich nicht um Änderungen in der Zusammensetzung der bestehenden Einzelstaaten, aus denen das Reich tatsächlich aufgebaut ist, ondern um die vollkommen neu durchzuführende Dezentralisation eines gegebenen Einheitsstaates in territoriale Gebiete. Hierbei wird noch als oberster Gesichtspunkt die Berücksichtigung von Gegenwartsfaktoren hingestellt unter Ausschaltung aller geschichtlichen Momente. Es sieht ganz so aus, als ob ohne jede Rücksicht auf die heutigen Verhältnisse jede beliebige Umgruppierung möglich wäre.

Für die Durchführung sind folgende Grundsätze aufgestellt: In allen Fällen ist Reichsgesetz erforderlich. Eine freie Vereinbarung zwischen den beteiligten Ländern soll es überhaupt nicht mehr geben. Selbst wenn eine solche erzielt ist, bedarf es der Zustimmung des Reichs und zwar durch einfaches Gesetz. Gleiches Erfordernis genügt aber auch, wenn die Länder selbst eine Gebietsveränderung nicht wollen, sondern ablehnen, aber einzelne Bevölkerungsteile auf Grund lokaler Volksabstimmung danach streben. Ja das Reich kann die Neugliederung sogar ohne Anstoß seitens der Länder oder der Bevölkerung von sich aus in die Hand nehmen. Dazu bedarf es dann eines verfassungsändernden Reichsgesetzes, das wie wir später sehen werden, einigermaßen, wenn auch nicht allzu stark erschwert ist.

Auf diese Weise könnten z. B. alle bisher aufs Tapet gekommenen Umgestaltungspläne durch den Willen des Reichs allein verwirklicht werden: die Teilung eines Landes — hier steht die später noch zu berührende preußische Frage im Vordergrund — die Vereinigung mehrerer Länder (Thüringen), die Abtrennung von Teilen verschiedener Gliedstaaten und die Bildung eines neuen Landes (Rheinische Republik), die Vereinigung von Teilen eines Staates mit einem anderen (des oldenburgischen Birkenfeld mit der preußischen Rheinprovinz) usw. Nicht unter den Wortlaut der Bestimmung fällt nur die Einverleibung und die gänzliche Aufteilung.

Was waren nun die Gesichtspunkte, die diese Frage plötzlich zur Erörterung gestellt haben? Es handelt sich im wesentlichen um zwei ganz verschiedene Probleme. Einmal war nach dem Rücktritt der Duodezfürsten der Weiterbestand der noch vorhandenen Zwergstaaten nicht denkbar. Es mußte also an ihre Vereinigung zu leistungsfähigeren Gebilden gedacht werden. Das andere war die preußische Frage. Preußen mit rund vier Siebentel Anteil am Gebiet und an der Bevölkerung des Reichs bildet eine vollkommene Anomalie in einem Bundesstaat. Hier liegt ein Staat vor, der nach seiner Kraft und Größe für sich allein als europäischer Staat bestehen könnte, der eine nach allen Richtungen ausgebaute Verwaltung hat, über ein geschlossenes Verkehrssystem verfügt, eine eigene Wirtschaftspolitik treiben kann. In einen Bundesstaat eingegliedert, muß ein solches Staatswesen die Führung, die Herrschaft an sich nehmen. Im alten Reich war dieser Zustand durchaus naturgemäß, da es ja von Preußen geschaffen worden war. Im neuen Reich bedeutet ein solches Verhältnis eine dauernde Störung des Gleichgewichts, eine ewige Verlegenheit. Wenn man auch bei der Organisation der Reichsgewalt auf die besonderen Verhältnisse Preußens keine Rücksicht nehmen zu müssen vermeint hatte, so gab doch das Schwergewicht der Tatsachen und Kräfte ernstlich zu denken. So erschien als der einfachste Ausweg aus allen Schwierigkeiten die Aufteilung in mehrere Mittelstaaten nach geographischen, wirtschaftlichen und Stammesrücksichten.

Welche Gesichtspunkte kommen nun für eine objektive Stellungnahme zu diesen Problemen in Betracht? Es würde zu weit führen, einen auch nur einigermaßen erschöpfenden Überblick zu gewähren. Nur ein paar besonders gewichtige Erwägungen seien daher vorgeführt. Zunächst unterliegt es keinem Zweifel, daß die territoriale Gruppierung in Deutschland durch dynastisch-historische Momente bestimmt, also nicht organisch erwachsen ist. Tatsächlich sind auch die Stammeszusammenhänge zum großen Teil zerrissen. Hier ist ein Ausgleich gewiß möglich, insbesondere die Zusammenfassung der kleinstaatlichen Zufallsprodukte. Umgekehrt vereinigt der preußische Staat sehr divergierende Bestandteile, deren Zusammengehörigkeitsgefühl hauptsächlich auf monarchisch-dynastischer

Grundlage beruhte, während die Regierung von Berlin aus als solche vielfach als lästige Einmischung eines fremden, mit den Landesverhältnissen nicht vertrauten Elements empfunden wird. Kein Wunder, daß besonders in den mehr peripherisch gelegenen Provinzen sehr ernst gemeinte Selbständigkeitsbestrebungen eingesetzt haben. Damit diese übrigens nicht unter dem Einfluß der allgemeinen innerpolitischen Unruhe und Nervosität zu übereilten Lostrennungsbewegungen führen, hat Art. 167 eine von den Separatisten viel angefeindete zweijährige Sperrfrist für bezügliche Volksbegehren festgesetzt.

Andererseits ist aber zu bedenken, welche Unsumme von Arbeit und Erfahrung in der einzelstaatlichen Organisation verkörpert ist, welche positiven Werte in der genauen Kenntnis der Verhältnisse, über die das Beamtentum verfügt, enthalten sind. Dann welche Störungen durch eine Änderung der nun einmal festgefügten Verwaltungsorganisation und des tief in alle Lebensverhältnisse eingreifenden Verwaltungsrechts bewirkt werden müssen. Der preußische Staat im besonderen hat die große Mission der Überbrückung tiefeinschneidender Gegensätze seiner verschiedenen Landesteile, zwischen Industrie und Landwirtschaft, katholischen und protestantischen Bevölkerungszentren, Binnengegenden und Meeresküste, Gebieten von sehr verschiedener Kulturart und -höhe in seinem Schoße in zum Teil vorbildlicher Weise erfüllt und so das unvermittelte Aufeinanderprallen dieser Gegensätze auf dem Boden der Reichspolitik verhütet. Dazu kommt dann noch die Leistungsfähigkeit eines staatlichen Großbetriebes, die allen einbezogenen Teilen zugute kommt, insbesondere wieder von Wichtigkeit für den Ausbau der inneren Verwaltung, für das Bildungswesen und den Unterricht, man denke zum Beispiel an das mustergültige Hochschulwesen, für die wirtschaftliche und Verkehrsentwicklung usw. Einen solchen Großbetrieb einfach zu zerschlagen, muß gewiß den schwersten Bedenken begegnen.

Nicht übersehen werden darf auch, daß die neue Reichsverfassung den Einfluß der Gliedstaaten, ihr politisches Schwergewicht ja außerordentlich stark v.rmindert hat durch die Abnahme des Heeres, des Verkehrswesens und des wichtigsten Teils der Finanzen mit samt dem ganzen zugehörigen Beamtenheer und durch die weit ausgreifende Vermehrung der Gesetzgebungszuständigkeit des Reichs. So sind die Gliedstaaten, wie bereits dargelegt wurde, in der Hauptsache auf ergänzende Funktionen verwiesen worden analog den dem Staate eingegliederten höheren Selbstverwaltungskörpern. Es liegt nur im Zuge dieser einmal in die Wege geleiteten Entwicklung, daß die jetzige preußische Regierung den Gedanken vertritt, die Selbständigkeit der preußischen Provinzen weiter zu fördern, so daß ein immer größerer Teil der Machtvollkommenheiten des preußischen Staates auf sie übertragen wird, bis schließlich die staatliche Zentralgewalt von selbst ihre Bedeutung verliert. Mit dem Abschluß dieser Gestaltung wären dann — wie bereits oben ausgeführt worden ist — die einzelnen Landesteile zu der gleichen Stufe politischer Stellung emporgestiegen, auf die von der andern Seite her die nichtpreußischen Länder infolge ihrer weitgehenden Depossedierung durch die Reichsgewalt herabgesunken sind. Es bestände dann unter diesen politisch gleichwertig ausgestalteten territorialen Gebilden nur mehr der formale Unterschied ihrer historischen Provenienz, ihre einheitliche Überführung in die Kategorie von mit entsprechenden Autonomierechten begabten Provinzen des zum Einheitsstaat gewordenen Reichs würde auf keinerlei Schwierigkeiten stoßen.

Eine solche Entwicklung organisch ausreifen zu lassen, wäre gewiß ein Gebot staatsmännischer und politischer Klugheit; wenn aus dem Schoße der preußischen Landesversammlung in jüngster Zeit wieder der Plan einer forcierten Betreibung des Einheitsstaatsgedankens emporgetaucht ist, so läßt sich diese Erscheinung abgesehen von den mitspielenden parteimäßigen Erwägungen nur aus der politischen Unrast erklären, die ein deutliches Zeichen des immer noch nicht zum Abschluß gekommenen Krankheitsprozesses in unserem Volke bildet.

V. Der Aufbau der Reichsgewalt.

Wie wir gesehen haben, ist die politische Gewalt im Reich auf fünf Faktoren verteilt, das Volk, den Reichstag, die Reichsregierung, den Reichspräsidenten, den Reichsrat. In wirtschaftlich-sozialen Fragen ist außerdem der Reichswirtschaftsrat von Einfluß.

Von Rechts wegen und in formeller Beziehung ist das oberste Organ das V o l k. Art. 1 II verkündet ausdrücklich: „Die Staatsgewalt geht vom Volke aus". Aber wir haben bereits gesehen, daß die Reichsverfassung zwar allen anderen politischen Organen einen eigenen Abschnitt widmet, nicht dagegen dem Volk. Daraus haben wir geschlossen, daß es sich um keinen praktisch ausschlaggebenden Faktor handeln kann, sondern nur um die Mitwirkung bei der Tätigkeit anderer Organe, um Ventilfunktionen, Remeduren.

Diese Mitwirkung ist in doppelter Weise vorgesehen, entweder als Wahl oder als Abstimmung.

Das Volk wählt zwei Organe des Reichs, den Reichstag nach Art. 22 und den Reichspräsidenten nach Art. 41. Die Berufung durch unmittelbare Volkswahl zeigt, daß diese beiden Organe die wichtigsten Reichsorgane sind. Auch auf die Fortdauer des Mandates beider Faktoren übt das Volk einen maßgebenden Einfluß aus. Allerdings nicht unmittelbar; denn es besteht kein Rückberufungsrecht. Wohl aber kann der Reichstag den Antrag auf Absetzung des Reichspräsidenten durch Volksabstimmung stellen (Art. 43 II). Andererseits kann der Reichspräsident den Reichstag auflösen und Neuwahlen herbeiführen (Art. 25 I) — „e i n mal aus dem gleichen Anlaß", eine Wiederholung wäre ohnehin kaum praktisch. Im ersten Fall appelliert der Reichstag gegen den Reichspräsidenten, im zweiten Fall der Reichspräsident gegen den Reichstag an das Volk. Daraus geht also hervor, daß dem Volk nicht nur die Wahl beider Faktoren, sondern auch das Schiedsrichteramt zwischen ihnen obliegt. Es ist daher nur folgerichtig, daß die Ablehnung der Absetzung des Reichspräsidenten die Auflösung des Reichstags zur Folge hat (Art. 43 II).

Neben der Volkswahl steht die Volksabstimmung. Die Verfassung nennt sie „Volksentscheid". Aber nicht alle Angelegenheiten unterliegen dem Volksentscheid, nur Gesetze. Indes ist zu beachten, daß es sich um Gesetze im formellen Sinn handelt. Nicht nur Rechtssätze, auch andere Staatswillensakte in der solennen Form des Gesetzes können Gegenstand des Volksentscheids werden. Ob ferner gewöhnliche oder Verfassungsgesetze in Frage stehen, bildet keinen Unterschied.

Es handelt sich entweder um die Initiative des Volkes, Volksbegehren, oder um die Herbeiführung des Referendums, Volksentscheid im eigentlichen Sinn.

Volksbegehren sind nur als Akte der reinen Initiative vorgesehen; es muß nämlich stets ein ausgearbeiteter Gesetzentwurf vorgelegt werden (73 III). Die Überprüfung eines vom Parlament beschlossenen Gesetzes, wie z. B. von der bayerischen Verfassungsurkunde § 77 II vorgesehen wird, kommt nicht in Frage. Ausgenommen ist der eine Fall, daß die Reichstagsminderheit — näheres hierüber später — den Aufschub der Verkündigung eines von der Reichstagsmehrheit beschlossenen Gesetzes verlangt. In diesem Fall kann im Wege eines Volksantrags mit der Hälfte der sonst erforderlichen Stimmenzahl der Volksentscheid herbeigeführt werden (73 II). Gleichwohl läßt sich auch in den anderen Fällen auf mittelbarem Wege eine Überprüfung der Reichtagsbeschlüsse durch das Volk erzielen. Es muß nur formell ein Gesetzentwurf als Volksbegehren unterbreitet werden, der das vom Reichstag beschlossene Gesetz wieder aufhebt. Allerdings ist dieses formell bereits Gesetz gewesen.

Volksentscheidungen, die nicht auf Volksbegehren beruhen, richten sich stets gegen vom Reichstag beschlossene Gesetze. Sie werden in allen Fällen durch Anordnung des Reichspräsidenten herbeigeführt und zwar in zweierlei Art. Entweder auf Grund seiner eigenen Initiative (73 I) oder eines Einspruchs des Reichsrates (74 III und 76 II). Handelt es sich um Beschlüsse über Verfassungsänderungen, so muß das Referendum auf Verlangen des Reichsrates durchgeführt werden, in sonstigen Fällen konkurriert es, und zwar nach Entscheidung des Reichspräsidenten, mit gewissen anderen Möglichkeiten.

Volksbegehren und Volksentscheidung sind, wie wir später sehen werden, in mancher Beziehung eingeschränkt und erschwert. Damit ist dann eine Begünstigung des Reichstags gegenüber dem Volk verbunden. Aber in allen Punkten ist zu beachten: da Volksbegehren ohne jede Einschränkung Verfassungsänderungen zum Gegenstand nehmen können, so können auch alle bestehenden Schranken durch Volksabstimmung beseitigt werden.

Wir kommen sonach zu dem Ergebnis, daß das Volk in formeller Beziehung tatsächlich das oberste Organ ist. Denn es allein kann stets seinen Willen positiv und negativ durchsetzen, d. h. die von ihm gewünschte Willenserklärung des Reichs erzwingen, eine nicht gewünschte verhindern. Beides können alle anderen Faktoren, wie sich noch zeigen wird, nicht. Andererseits ist das Volk aber kein normales, kein notwendiges Organ — von den Wahlen natürlich abgesehen. Denn es gibt keinen Willensakt des Reichs, für den eine Volksabstimmung erforderlich wäre, also kein obligatorisches Referendum, auch nicht in Verfassungsfragen.

Das Volk ist nun, politisch betrachtet, eine gestaltlose Masse, hat keinen politischen Willen, keine Handlungsfähigkeit. Zu einem politischen Faktor wird es erst durch Organisation. Die Masse kann sich natürlich nicht selbst organisieren, das müssen vielmehr die einzelnen Führer besorgen. Sie bedienen sich hierzu des Instrumentes der Parteien. Ohne Zusammenschluß in Parteien bleibt das Volk ohne Betätigungsmöglichkeit.

Die Rolle, welche den Parteien zukommt, ist eine doppelte, eine empfangende und eine gebende. Einmal legen sie das

5*

Ohr an die Volksseele, erraten und erlauschen ihre Wünsche, beobachten ihre Bedürfnisse und Instinkte. Dann aber legen sie ihren Mund an das Ohr des Volkes, verbreiten ihre Ideen und besorgen so seine Politisierung. Beides beeinflußt sich gegenseitig. Es wurde ja schon bei Besprechung des Wesens der Demokratie darauf hingewiesen: alles kommt darauf an, wie die Führer sich mit dem Volk zu stellen vermögen.

Wenn man sich diese Zusammenhänge klar macht, so wird es sofort verständlich, warum der Schwerpunkt der politischen Entscheidungen nicht beim Volk, sondern bei seinen Führern, nicht bei der Abstimmung der Masse, sondern bei den Beratungen ihrer Vertreter, m. e. W. beim Parlament, beim Reichstag gelegen ist.

Der Reichstag ist das normale und notwendige Organ für die obersten Willensakte des Reichs, die Gesetzgebung. In diesem Sinne ist Art. 68 II richtig, wenn er sagt: „Die Reichsgesetze werden vom Reichstag beschlossen." Allen anderen Faktoren kommt nur eine gewisse Einflußnahme zu, sie können gegenüber den Beschlüssen des Reichstags besondere Aktionen unternehmen, Erschwerungen schaffen, Hindernisse bereiten. Insbesondere kommt der Appell an die Volksentscheidung in Frage, das Volk fungiert ja, wie erwähnt, als oberster Schiedsrichter. Eine Vereitelung der Reichstagsbeschlüsse ohne Mitwirkung des Volkes kann nur in dem bereits gestreiften Fall des Zusammenwirkens von Reichspräsidenten und Reichsrat bei schwacher Reichstagsmehrheit erfolgen. Noch ein Punkt ist hervorzuheben. Abgesehen vom Volk können die anderen großen politischen Faktoren, dem Reichstag nur negativ entgegentreten. Etwas positives gegen den Willen des Reichstags durchsetzen kann nur das Volk selbst.

Wegen dieser zentralen Stellung des Reichstags finden Volksabstimmungen niemals statt, ohne daß der Reichstag damit befaßt wird. Daher müssen alle Volksbegehren dem Reichstag unterbreitet werden. Nimmt der Reichstag den beantragten Gesetzesentwurf unverändert an, so hat es dabei sein Bewenden, die Volksabstimmung entfällt (73 III). Andererseits hat das Referendum nur Beschlüsse des Reichstags zum Gegenstand (73 I und II, 74 III).

Der Reichstag ist aber nicht nur in dem Sinne das wichtigste Organ im Reich, daß bei ihm der Schwerpunkt der Gesetzgebung gelegen ist. Dabei ist wieder zu beachten, daß es sich um die Gesetzgebung im formellen Sinne, also um alle Staatsakte in der solennen Form des Gesetzes, nicht nur um die Schaffung von Rechtssätzen handelt. Dem Reichstag kommt auch ein maßgebender Einfluß auf die gesamte Politik und Verwaltung zu. Abgesehen von der gesetzlichen Feststellung des Haushaltplans, die durch den Reichstag erfolgt (85 II), handelt es sich um die Abhängigkeit der Reichsregierung. Der grundlegende Artikel 54 bestimmt: „Der Reichskanzler und die Reichsminister bedürfen zu ihrer Amtsführung des Vertrauens des Reichstags. Jeder von ihnen muß zurücktreten, wenn ihm der Reichstag durch ausdrücklichen Beschluß sein Vertrauen entzieht."

Die Reichsregierung ist also ein Kollegium von Vertrauensmännern des Reichstags. Dadurch ist diesem der Einfluß auf die gesamten Staatsgeschäfte gesichert. Von geringerer praktischer Bedeutung ist die Zulässigkeit der Ministeranklage nach Art. 59, da sie eine schuldhafte Rechtsverletzung zur Voraussetzung hat. Solche Rechtsverletzungen gehören nicht zum normalen Lauf der Dinge.

Die Reichsregierung ist also eine parlamentarische Regierung. Damit ist der Kernpunkt ihrer Stellung bezeichnet. Ausgeschlossen ist es aber nicht, daß ihr auch einzelne Nichtparlamentarier, also reine Fachminister angehören. Denn die Reichstagsmitgliedschaft ist für die Regierungsmitglieder nicht vorgeschrieben.

Die Aufgaben der Reichsregierung sind verfassungsmäßig nicht festgelegt, wie dies z. B. für das Gesamtministerium nach der bayerischen Verfassung (§§ 4, 57, 61) geschehen ist. Es ist nicht einmal ausgesprochen, daß ihr die oberste Leitung der ganzen Reichsverwaltung obliegt. Von diesem Punkt wird noch später die Rede sein. Die allgemeinen Aufgaben der Regierung werden einfach als durch die Natur der Sache gegeben angesehen. Besonders erwähnt ist nur die Befugnis zur Erlassung der allgemeinen Verwaltungsvorschriften (77), ferner die Aufsicht in den Angelegenheiten, in denen dem Reich die Gesetzgebung zusteht, und das Recht, in solchen Angelegenheiten unmittelbare Anweisungen an die Landesbehörden zu erteilen (15).

Die Reichsregierung besteht aus dem Reichskanzler und den Reichsministern (52). Der Reichskanzler nimmt eine ausgezeichnete Stellung ein. Ihm steht der Vorschlag für die Ernennung der Reichsminister zu (53). Ohne seine Zustimmung kann also niemand Reichsminister werden. Er hat den Vorsitz in der Reichsregierung und die Leitung der Geschäfte (55). Ihm obliegt die Bestimmung der Richtlinien der Politik und die Verantwortung hierfür gegenüber dem Reichstag (56). Im übrigen ist die Reichsregierung kollegial organisiert, dem Reichskanzler steht der Stichentscheid zu (58). Soweit es sich nicht um die Richtlinien der Politik und um Kollegialbeschlüsse handelt, leitet jeder Reichsminister sein Ressort selbständig und unter eigener Verantwortung dem Reichstag gegenüber (56). Dem Reichskanzler steht schließlich die Vertretung des Reichspräsidenten zu (51). Dies nur eine vorläufige, oberflächliche Skizze. Eine Reihe von interessanten Fragen wird noch später eingehend zu besprechen sein.

Das Verhältnis zwischen Reichsregierung und Reichstag ist aber mit den Gesagten noch nicht genügend charakterisiert. Es ist nämlich durchaus nicht nur ein einseitiges Abhängigkeitsverhältnis, die Beziehungen sind vielmehr gegenseitig. Nicht nur ist die Reichsregierung auf den Reichstag angewiesen, sondern auch umgekehrt der Reichstag auf die Reichsregierung. Wie der Reichstag dem Ministerium das Vertrauen entziehen kann, kann es auch die Regierung gegebenenfalls auf eine Vertrauenskundgebung des Reichstages abstellen, widrigenfalls sie zurücktritt und damit eine Krise heraufbeschwört, welche die vorhandene Mehrheitskoalition in Frage stellt. Es zeigt sich an diesem Punkt wieder die bereits oft betonte Tatsache, daß meistens doch die Führer, nicht die Geführten die politischen Entscheidungen bestimmen. Merkwürdigerweise spricht die Reichsverfassung zwar von der Entlassung der Regierungsmitglieder durch den Reichspräsidenten (53) und ihrer Rücktrittspflicht bei Entziehung des parlamentarischen Vertrauens (54), nicht aber von ihrem Rücktrittsrecht. Dieses wird offenbar als selbstverständlich angenommen.

Wie wir soeben gesehen haben, ist dem Reichspräsidenten das Recht der Ernennung und Entlassung der Reichsregierung eingeräumt (53). In diesem Recht ist der Reichspräsident aber nicht frei, sondern in doppelter Weise gebunden. Einmal besteht das Erfordernis des Vertrauens des Reichstags und dann die Bindung an die Vorschläge des Reichskanzlers. Das formelle Recht ist also größer als das materielle.

Betrachten wir zunächst die formelle Rechtsstellung des Reichspräsidenten weiter. Sie muß in jeder Beziehung als hervorragend bezeichnet werden. Zunächst sei an die Berufung durch unmittelbare Volkswahl erinnert. Dadurch steht der Reichspräsident dem Reichstag ebenbürtig gegenüber. Beide sind neben dem Volk als dessen Mandatare die wichtigsten Organe des Reichs. Kommen sie gegenseitig in Konflikt, so haben beide, wie wir gesehen haben, formell das Recht, an den gemeinsamen Auftraggeber zu rekurrieren und so seine Entscheidung herbeizurufen, der Reichstag durch den Antrag auf Absetzung des Reichspräsidenten, dieser durch die Auflösung des Reichstags.

Die Rechte, die dem Reichspräsidenten durch die Reichsverfassung übertragen sind, entsprechen in der Hauptsache den Rechten, die früher der Kaiser hatte. In einigen Punkten sind sie aus demokratischen Rücksichten abgeschwächt, in anderen aus unitarischen Gesichtspunkten erweitert.

Dem Reichspräsidenten obliegt die völkerrechtliche Vertretung des Reichs, der Abschluß von Bündnissen und anderen Verträgen mit auswärtigen Mächten, die Entsendung und der Empfang der Gesandten (Art. 45 I). Also formell liegt der Schwerpunkt der auswärtigen Politik in seiner Hand. Jedoch sind gerade hier auch formell einige tief einschneidende Einschränkungen gegeben. Kriegserklärung und Friedensschluß erfolgen durch Reichsgesetz, Bündnisse sowie Verträge mit fremden Staaten, die sich auf Gegenstände der Reichsgesetzgebung beziehen, bedürfen der Zustimmung des Reichstages (45 II und III). Zur fortdauernden Überwachung der auswärtigen Politik setzt der Reichstag einen ständigen Ausschuß ein, der auch außerhalb der Tagung, nach Schluß der Wahlperiode und im Falle der Auflösung in Funktion bleibt (35 I).

Dem Reichspräsidenten steht ferner zu die Ernennung und Entlassung der Reichsbeamten und Offiziere (46), der Oberbefehl über die gesamte Wehrmacht (47), die Bundesexekution gegen pflichtvergessene Länder (48 I), die Vollstreckung der Urteile des Staatsgerichtshofes über Verfassungsstreitigkeiten innerhalb eines Landes und öffentlich-rechtliche Streitigkeiten zwischen verschiedenen Ländern oder zwischen dem Reich und einem Land (19), die Verhängung des Ausnahmezustandes (48 II), das Begnadigungsrecht (49), die bereits erwähnte Auflösung des Reichstags (25), das Veto gegen Gesetzesbeschlüsse des Reichstags mit der Wirkung des Volksentscheids (73 I), die Ausfertigung und Verkündigung der Reichsgesetze (70).

Dies das Wichtigste. Wir sehen eine ungeheure Fülle von Macht. Wenn der Reichspräsident in allen diesen Punkten selbständig wäre, dann würde er ein vollkommenes Gegengewicht gegen den Reichstag darstellen, seine Position entspräche durchaus der des amerikanischen Präsidenten.

Alles hängt nun davon ab, wie die Stellung des Präsidenten zur Regierung gestaltet ist. Entscheidend ist Art. 50. Dieser bestimmt: „Alle Anordnungen und Verfügungen des Reichspräsidenten, auch solche auf dem Gebiete der Wehrmacht, bedürfen zu ihrer Gültigkeit der Gegenzeichnung durch den Reichskanzler oder den zuständigen Reichsminister. Durch die Gegenzeichnung wird die Verantwortung übernommen." Durch diese Bestimmung erhalten alle angeführten Befugnisse ein wesentlich anderes Gesicht, die formellen Rechte erleiden eine erhebliche Einbuße an materiellem Inhalt. Denn die vorgeschriebene Gegenzeichnung setzt Zustimmung voraus, die Verantwortung sichert den maßgebenden Einfluß. Dadurch wird also der Reichspräsident gegenüber der Reichsregierung und insbesondere deren Chef, dem Reichskanzler, in Nachteil versetzt. Er kann nichts verfügen ohne diese Kontrolle und Zustimmung.

Reichsregierung und Reichskanzler sind aber Vertrauenspersonen des Reichstags. Sonach ist der Reichspräsident in seiner Amtstätigkeit von den Vertrauensmännern des Reichstags, damit von diesem abhängig Dieses Verhältnis ist aber ein klaffender Widerspruch mit der gleichen Grundlage der beiderseitigen Stellung. Wenigstens in zwei Punkten sollte der Reichspräsident von der Reichsregierung unabhängig sein, dann nämlich, wenn ihn die Verfassung dazu beruft, gegen den Reichstag aufzutreten und das Volk als Schiedsrichter in Aktion zu setzen. Sonst ist ihm ja nur ein Schwert ohne Klinge in die Hand gegeben. Es handelt sich um die bereits mehrfach berührten Fälle der Auflösung des Reichstages und des Vetos gegen Gesetzesbeschlüsse. Und doch läßt sich gegen das Wort „alle" in dem angeführten Text des Art. 50 nicht ankämpfen. Dieser Punkt ist übrigens von so ausschlaggebender Bedeutung, daß noch später eingehender darüber gesprochen werden muß. Ohnehin bedarf es noch näherer Prüfung, inwieweit überhaupt dem Reichspräsidenten eine gewisse Selbständigkeit zugemessen ist.

Nunmehr zu der Rolle des R e i c h s r a t s. Seine Stellung wurde bereits in den Grundzügen dargelegt: er ist das berufene Organ für die Interessenvertretung der Länder (60). Er ist nicht mehr gleichberechtigter oder gar bevorrechteter

Faktor gegenüber dem Reichstag. Er ist zwar zur Mitwirkung bei den Regierungsvorlagen berufen, hat aber kein Zustimmungsrecht (69 I). Dagegen kann er allerdings selbständig auch im Gegensatz zur Reichsregierung Gesetzesvorlagen veranlassen (69 II). Gegen die Gesetzesbeschlüsse des Reichstags steht ihm ein Veto zu (74). Aber dieses hat nur bei Verfassungsänderungen die Wirkung, daß ein Volksentscheid erfolgen muß (76 II), sonst hat der Reichspräsident das Wahlrecht zwischen verschiedenen Möglichkeiten, über die später näheres zu sagen ist (74 III). Ein Einfluß des Reichsrats auf die Verwaltung ist gegeben, aber auch er ist wesentlich gemindert, wie bereits gezeigt. Nochmals soll betont werden, daß der tatsächliche Einfluß des Reichsrates davon abhängig sein wird, ob die ganze Reichspolitik sich grundsätzlich darauf einstellen wird, im Gegensatz oder im Einklang mit den Wünschen der Länder vorzugehen. Im ersten Fall werden die Möglichkeiten, den Reichsrat beiseite zu schieben, voll ausgenützt werden, im zweiten Fall ist der Weg der Verständigung gegeben.

Bisher wurde stets vom Reichstag gesprochen. Richtiger ist es, von der Reichstagsmehrheit zu sprechen. Beruht diese auf einer festen Koalition mehrerer Parteien — von der Mehrheit einer einzigen Partei kann nach den politischen Verhältnissen im Reich keine Rede sein — dann besteht die Gefahr einer rücksichtslosen Verfolgung der Interessen der von den Mehrheitsparteien vertretenen Bevölkerungskreise, einer rücksichtslosen Niedertretung der Interessen der von den Minderheitsparteien vertretenen Schichten. Da das in der konstitutionellen Monarchie gegebene Gegengewicht der Krone und des Beamtentums oder der ersten Kammer bzw. des im alten Reich deren Funktion mit versehenden Bundesrats fehlt, tritt die Bedeutung der Minderheitsrechte im Reichstag in helles Licht.

Ein solches Minderheitsrecht haben wir bereits gelegentlich kennen gelernt, das Recht auf einen Aufschub der Verkündung von Gesetzen, um ein Volksbegehren und die Volksabstimmung mobil zu machen. Ein weiteres Minderheitsrecht bezieht sich auf die Einsetzung von Untersuchungsausschüssen; nach Art. 34 genügt ein Fünftel der Reichstagsmitglieder, um eine sog. Enquête zu erzwingen. Der Minderheit kommt es ferner zugute, wenn in gewissen Fällen qualifizierte Mehrheiten verlangt sind, so für Verfassungsänderungen (76), die Ministeranklage (59), den Antrag auf Absetzung des Reichspräsidenten (43 II). Andere Minderheitsrechte ergeben sich aus der Geschäftsordnung des Reichstages. So tritt also neben die Reichstagsmehrheit auch die Reichstagsminderheit als ein bedeutungsvolles Element in die Reihe der politisch maßgebenden Faktoren.

Das letzte oben unter den großen Organen des Reichs erwähnte ist der Reichswirtschaftsrat (165). Er bildet den Abschluß des dreistufigen Aufbaus der wirtschaftlichen Räteorganisation. Zu unterst stehen die Betriebsarbeiterräte als Gegenstück gegen die gegebenen Betriebsleitungen. Dann kommen die Bezirksarbeiterräte, die zusammen mit Vertretungen der Unternehmer und sonstiger Volkskreise, z. B. der Verbraucher, zu Bezirkswirtschaftsräten zusammengeschlossen werden. Die oberste Stufe soll der Reichsarbeiterrat, erweitert zum Reichswirtschaftsrat bilden. Über die Gestaltung dieser Wirtschaftsräte ist bestimmt, daß darin alle wichtigen Berufsgruppen entsprechend ihrer wirtschaftlichen und gesellschaftlichen Bedeutung vertreten sein sollen.

Damit ist die grundsätzliche Stellung des Reichswirtschaftsrates charakterisiert. Nunmehr seine Befugnisse. In erster Linie ist ihm die Mitwirkung bei der Sozialisierung zugedacht. „Sozialpolitische und wirtschaftspolitische Gesetzentwürfe von grundlegender Bedeutung sollen von der Reichsregierung vor ihrer Einbringung dem Reichswirtschaftsrat zur Begutachtung vorgelegt werden" (165 IV). Er hat das Recht, selbst solche Gesetze zu beantragen, auch wenn die Regierung nicht zustimmt. Er kann diese Vorlagen durch seine eigenen Mitglieder vertreten lassen.

Also Mitwirkungs- und Antragsrechte, kein entscheidender Einfluß auf die Beschlußfassung; ebensowenig ein Einspruchsrecht. Daraus ergibt sich aber, daß der Reichswirtschaftsrat kein Faktor ist, der an der Ausübung der politischen Macht teilnimmt. Wären ihm übrigens solche Rechte mit eingeräumt, so müßte er sich notgedrungen zu einem Nebenparlament entwickeln, in dem die Bevölkerung nicht nach ihrer parteipolitischen, sondern ihrer wirtschaftlichen-gesellschaftlichen Gruppierung vertreten wäre. Damit wäre aber die ausgleichende und versöhnende Wirkung, welche von den nicht rein klassenmäßig orientierten politischen Parteien gegenüber den wirtschaftlichen Gegensätzen ausgeübt wird, von vornherein ausgeschaltet und nackte materielle Interessenpolitik zum beherrschenden Gesichtspunkt erhoben. Dadurch daß die Reichsverfassung das entscheidende Wort in den Mund der Volksvertretung gelegt hat, bekundet sie ihr Vertrauen in deren richtiges Augenmaß für die Erfordernisse einer allen Teilen der Bevölkerung entsprechenden Wirtschaftspolitik. Die politische Stellung der Räteorganisation wird also bewußtermaßen abgelehnt. Über die wirtschaftlich-soziale Funktion des Reichswirtschaftsrates und seines Unterbaues wird noch in anderem Zusammenhang (Kapitel XIII) zu sprechen sein.

VI. Reichspräsident und Reichsregierung im besonderen.

Im vorausgegangenen Abschnitt wurde versucht, das Gesamtbild des Aufbaues der Reichsgewalt in großen Zügen zu entwerfen. Es erübrigt noch die Stellung der verschiedenen Organe im Einzelnen etwas näher zu betrachten. Bei dem Volk und dem Reichstag liegt der Schwerpunkt ihrer Funktionen in der Gesetzgebung; daher wird in dem Kapitel Gesetzgebung auf ihre rechtliche Position eingehender zurückzukommen sein. Die Tätigkeit des Reichsrats bezieht sich teils auf die Gesetzgebung teils auf die Verwaltung; in beiden Zusammenhängen wird sich von selbst Gelegenheit zu eingehenderer Betrachtung ergeben, während die innere Zusammensetzung des Reichsrats bereits in dem Abschnitt Reich und Länder erörtert wurde. Was noch über den Reichswirtschaftsrat zu sagen ist, muß in dem Kapitel über das Wirtschaftsleben dargelegt werden. Eine gesonderte Betrachtung erübrigt sich daher nur bezüglich der Stellung der obersten Regierungsorgane, Reichspräsident und Reichsregierung.

Wie aus den oben angeführten Funktionen hervorgeht und auch bereits gelegentlich betont wurde, hat der Reichspräsident im wesentlichen die Aufgaben des Kaisers übernommen. Dieser war, wie bekannt, nicht das Staatsoberhaupt des Reichs, sondern nur der Bundesvorsitzende. Das gleiche muß grundsätzlich vom Reichspräsidenten gelten. Allerdings ist insofern eine Verschiebung der Machtverteilung eingetreten, als der Reichsrat gegenüber dem Bundesrat außerordentlich stark an rechtlichem und tatsächlichem Einfluß eingebüßt hat. Als Staatsoberhaupt — wenn man überhaupt an diesen Begriff als etwas Notwendigem festhalten will; ich bezweifle diese Notwendigkeit — als Staatsoberhaupt kann jetzt die früher durch den Bundesrat vertretene Gesamtheit der verbündeten Regierungen gewiß nicht mehr angesehen werden. Vielmehr ist an deren Stelle, entsprechend dem demokratischen Prinzip formell das Volk, materiell der Reichstag getreten. Mit dieser Rechtslage steht es auch durchaus im Einklange, wenn der Reichspräsident an die Mitwirkung der parlamentarischen Regierung gebunden ist. War es doch auch der Kaiser nach der allerletzten nicht mehr zu praktischer Geltung gelangten grundlegenden Verfassungsreform vom Oktober 1918.

Daß die Rechte des Kaisers wegen der Personalunion mit der Krone Preußen auf erblicher Grundlage ruhten, daß sein Amt durch Lebenslänglichkeit, Unabsetzbarkeit und Unverantwortlichkeit ausgezeichnet war, während die Rechte des Reichspräsidenten durch Wahl begründet sind, sein Amt zeitlich begrenzt sowie durch Absetzbarkeit und Verantwortlichkeit gekennzeichnet ist, muß an sich durchaus nicht eine schwächere Stellung des Präsidenten zur Folge haben. Unter Umständen könnten gerade diese Momente zur Hebung seiner politischen Machtstellung beitragen. Man vergleiche doch nur die Rechte des englischen Königs mit denen des amerikanischen Präsidenten. Der erste ist bei allem äußeren Glanz seiner Stellung tatsächlich ganz von dem Parlament und dessen Ausschuß, der Regierung, abhängig, so daß seine Rechte nur formellen Charakter tragen. Der letztere ist gerade infolge seiner Berufung durch das Volk dem Kongreß gleichgestellt und von ihm unabhängig, zu einer eigenen Politik und selbständigen Machtäußerung befähigt. Dadurch unterscheidet sich bekanntlich der amerikanische von dem französischen Präsidenten, der, ein Geschöpf der vereinigten Kammermehrheiten, zu einer rein dekorativen Rolle verurteilt bleibt. Der Reichspräsident ist nun weder dem Unionspräsidenten an die Seite zu stellen, weil er in weitestem Umfang an die Mitwirkung der parlamentarischen Regierung gebunden ist. Er gleicht aber auch nicht dem französischen Präsidenten, von dem ihn seine plebiszitäre Grundlage erheblich unterscheidet. Er hat also eine Mittelstellung, deren nähere Gestaltung auf einem Kompromiß beruht, wie wir es nun in der neuen Reichsverfassung schon so oft gefunden haben, die fast nirgends den Mut zu einem ganzen Entschluß aufgebracht hat.

Es handelt sich hier aber nicht nur um ein Kompromiß, das an sich schon ein Übel ist, sondern um ein noch stärkeres Übel, um ein schlechtes Kompromiß. Die Figur des Reichspräsidenten ist nämlich vollkommen verzeichnet, vor allem schon deswegen, weil sie gegenüber derjenigen der Reichsregierung nicht klar und scharf umrissen ist.

Wenn man den oben S. 72 angeführten Artikel 50 ins Auge faßt, könnte man zunächst der Auffassung huldigen, der Reichspräsident ist trotz seiner Berufung durch Volkswahl ein reines Repräsentationsorgan. Entscheidend ist in Allem der Wille der Reichsregierung, in erster Linie der Wille ihres Chefs, des Reichskanzlers. Denn die Reichsregierung trägt die Verantwortung, der Reichskanzler im besonderen nach Art. 56 Satz 1 für die Richtlinien der Politik. Geht man von dieser Anschauung aus, so käme man dazu, dem angeführten Satz des Art. 50 eine erweiterte politische Auslegung zu geben. Man wäre veranlaßt, den Reichspräsidenten nicht nur bei allen positiven Akten seines Wirkungskreises an die Zustimmung der Reichsregierung zu binden. Auch sein negatives Verhalten bliebe nicht frei, er wäre verfassungsmäßig verpflichtet, auch in dieser Richtung die Anträge der Reichsregierung zu akzeptieren. Die Sanktion für die Einhaltung dieser erweiterten Verpflichtung wäre in der Anklage des Reichstages vor dem Staatsgerichtshof nach Art. 59 gegeben, dahin gehend, daß der Reichspräsident schuldhafter Weise die Reichsverfassung verletzt habe. Diese Konstruktion läuft also schließlich auf das französisch-englisch-belgische System hinaus.

Welcher Einfluß bleibt aber dann noch für die plebiszitäre Grundlage der Präsidentenstellung übrig? Die Reichsverfassung hat sich nämlich nicht damit begnügt, die Volkswahl als Berufungsform zu akzeptieren, sie hat vielmehr daraus in institutioneller Beziehung weittragende Folgerungen gezogen, die bereits berührt worden sind. Dadurch, daß sowohl der Präsident als das Parlament unmittelbar durch das Volk eingesetzt werden, sind zwei an sich gleichwertig nebeneinanderstehende Repräsentanzen des Volkes geschaffen worden, auf die zu formell gleichem Rechte die Ausübung der politischen Macht aufgeteilt ist. Geraten beide Faktoren nun mit einander in Widerspruch, so steht es beiden frei, den gemeinsamen Auftraggeber als Schiedsrichter anzurufen; dem Präsidenten, indem er entweder die Gesetzesbeschlüsse des Reichstages zur Volksentscheidung bringt (73 I) oder in noch radikalerer Weise den Reichstag auflöst (25) und das Volk zur Wahlurne ruft, dem Reichstag, indem er den Antrag auf Absetzung des Reichspräsidenten durch Volksentscheid stellt (43 II). Bezeichnenderweise ist die Ablehnung der Absetzung mit der Wirkung ausgestattet, daß sie als Neuwahl des Präsidenten gilt und zugleich die Auflösung des Reichstags zur Folge hat. Daß im umgekehrten Fall die Wiederwahl des Reichstags mit im wesentlichen unveränderter Zusammensetzung die Absetzung des Reichspräsidenten nicht nach sich zieht, erklärt sich aus technischen Gründen. Es läßt sich ja niemals in so scharf apodiktischer Form feststellen, daß der Ausfall der Reichstagswahlen eine Niederlage des Reichspräsidenten bedeutet.

Dieses anscheinend klare politische Konzept wird aber dadurch vollkommen verwirrt, daß die Gleichgewichtsstellung zwischen dem Reichspräsidenten und dem Reichstag in der kritischen Frage in ganz unlogischer Weise zu ungunsten des ersteren verschoben wird. Indem die allgemeine Klausel des Erfordernisses der Gegenzeichnung für die Regierungsakte des Reichspräsidenten auch für den Fall der Anrufung des Volkes keine Durchbrechung erfährt, ergibt sich die Folge, daß der Reichspräsident bei dieser Machtprobe an die Zustimmung der Reichsregierung gebunden wird. Da diese aber den Vertrauensmännerausschuß der Reichstagsmehrheit darstellt, so kann der Reichspräsident nur dann gegen den Reichstag an das Volk appellieren, wenn der Reichstag selbst damit einverstanden ist. Gewiß, es kann Fälle geben, indem dieses Einverständnis vorliegt. Beispielsweise hält sich der Reichstag selbst für politisch überaltert, oder er erachtet es als wünschenswert, daß ein von ihm beschlossenes Gesetz die höhere Weihe der Volksabstimmung erhält, wobei vielleicht an eine Abwälzung der Verantwortung gedacht sein kann. In dem Fall des Referendums wäre es auch denkbar, daß der Gesetzesbeschluß nicht durch die Regierungskoalition, sondern durch eine Zufallsmehrheit gefaßt wurde und die Reichsregierung es daher auf sich nehmen kann, die Herbeiführung des Volksentscheids gegenzuzeichnen.. Allen diesen Fällen ist aber gemeinsam, daß die dem Reichspräsidenten formell gegen die Reichstagsmehrheit gegebene Waffe gar nicht ihrem eigentlichen Zweck dienstbar gemacht, sondern zu Nebenzwecken verwendet wird. Dagegen ist es — von später zu besprechenden Ausnahmsfällen abgesehen —, geradezu ausgeschlossen, sie zu dem Ende zu gebrauchen, wozu sie dem Sinne der ganzen Einrichtung nach bestimmt ist.

Ganz anders steht es aber mit dem Angriff des Reichstags gegen den Reichspräsidenten. Hier ist ausdrücklich bestimmt, daß durch den Reichstagsbeschluß auf Herbeiführung der Abstimmung der Reichspräsident an der ferneren Ausübung des Amtes verhindert ist (43 II Satz 3). Der Präsident kann also den gegen ihn gezielten Hieb nicht etwa durch die Auflösung des Reichstags parieren, selbst wenn er, was vielleicht unter ganz besonderen Umständen denkbar wäre, einen willfährigen Reichskanzler finden würde.

Es ist begreiflich, daß gelegentlich immer wieder der Versuch unternommen wird, dieser widersinnigen Verquickung gegensätzlicher Grundgedanken dadurch abzuhelfen, daß man alle Künste der Auslegung spielen läßt. Man argumentiert nach dem Satze, keine Regel ohne Ausnahme, und will in dem Auflösungsrecht nach Art. 25 und dem Veto nach Art. 73 I Ausnahmen von der Regel des Art. 50 erblicken. Die juristische Formel für dieses Verfahren lautet: die Sonderregel hebt die allgemeine auf. Gegenüber dem Wörtchen „alle" erscheint mir dieser Weg ungangbar. Auch die Entstehungsgeschichte des Art. 50 beweist, daß der Verfassungsausschuß der Nationalversammlung mit Bewußtsein an der Ausnahmslosigkeit der Geltung dieses Artikels festgehalten hat (Sten. Ber. 46. Sitzg. S. 1302).

Von diesem Ergebnis aus rechtfertigt sich dann die vorgetragene Anschauung, bei der nun einmal vorliegenden Formulierung bliebe keine andere Wahl, als den Versuch der Verfassung, dem Reichspräsidenten durch das Fundament der Volkswahl bei Annahme des parlamentarischen Systems eine gehobene Stellung zu verschaffen, als hoffnungslos gescheitert anzusehen.

Gleichwohl glaube ich, daß eine solche Resignation durchaus

nicht unumgänglich ist. Gewiß, wir sind gewöhnt, die beiden Formen des plebiszitären und des parlamentarischen Präsidenten zu unterscheiden und jeden Einzelfall entweder dem einen oder dem anderen Typus zuzuweisen. Es ist auch richtig, daß jedem der beiden Typen ein klares und bestimmtes politisches Grundbild entspricht. Ich kann aber nicht einsehen, welche höhere Macht eine Verfassung hindern sollte, von diesen vorbildlichen Mustern abzuweichen und sich nach ihrem eigenen Kopf eine mehr oder weniger schöne selbst komponierte Zeichnung zu entwerfen. Ich halte es sogar, um hier einmal ausnahmsweise eine methodische Frage zu berühren, für den gegenüber einer bestimmten Rechtsordnung einzig zulässigen Weg, unter Beiseitelassung aller mit Rücksicht auf fremde Muster vorgefaßten Meinungen von den positiv ausgesprochenen Rechtssätzen auszugehen, aus diesen die einzelnen Befugnisse und Gebundenheiten des Amtes zu entwickeln und erst dann aus dem so gesicherten Bestand von Einzelzügen das Gesamtbild zusammenzusetzen. Wenden wir nun dieses Verfahren auf die Stellung des Reichspräsidenten an.

Zunächst ergibt sich, daß der Satz, welcher alle Regierungsakte des Reichspräsidenten an die Gegenzeichnung und Zustimmung des Reichskanzlers (oder eines anderen Reichsministers) bindet, durchaus nicht etwa sagt, daß nun derjenige, dessen Zustimmung gefordert wird, das Alleinbestimmungsrecht besitzt. Vielmehr ist damit nur ausgesprochen, daß nicht der Wille des Präsidenten allein entscheidet, sondern daß noch der Wille des Reichskanzlers usw. hinzutreten muß. Es muß also beider Wille gegeben sein, m. e. W. sie müssen sich einigen. Das ist natürlich etwas wesentlich anderes, der Reichspräsident ist bei dieser Konstruktion nicht zur reinen Puppe degradiert. Nun könnte man aber einwenden: Wie steht es denn mit der Verantwortung? Wird die nicht allein vom Minister getragen? So lauten die Bestimmungen der Reichsverfassung aber gar nicht. Denn diese kennen nicht nur eine Verantwortung der Minister, sondern auch eine solche des Reichspräsidenten, nämlich die Verantwortlichkeit gegenüber dem Staatsgerichtshof auf Anklage des Reichstages wegen schuldhafter Verletzung der Reichsverfassung oder der Reichsgesetze (59). Diese Anklage bezieht sich gleicherweise auf den Reichspräsidenten und die Reichsminister, und es ist nirgends ein Anhaltspunkt gegeben, daß nicht beide wegen derselben Handlung zur Rechenschaft gezogen werden könnten, wobei der eine die Vornahme des Aktes, der andere die Zustimmung zu vertreten hätte. Wenn dem aber so ist, so muß umgekehrt aus der beiderseitigen Haftung auf die beiderseitige Entschlußfreiheit gefolgert werden.

Nicht hierher gehört dagegen die Bestimmung des Art. 43 III, wonach zur strafrechtlichen Verfolgung des Reichspräsidenten die Zustimmung des Reichstags gehört. Dadurch soll der Reichspräsident nur den Reichstagsmitgliedern gleichgestellt werden. Denn sonst könnte es passieren, daß ein aus dem Parlament hervorgegangener Präsident nachträglich wegen einer Handlung verfolgt wird, für die er als Abgeordneter immun war.

Ein weiterer Einwand gegen unsere Konstruktion könnte daraus entnommen werden, daß die Minister in ihrem Amt auf das Vertrauen des Reichstags angewiesen sind. Aber auch dafür haben wir das Gegenstück. Auch der Reichspräsident ist in seinem Amt auf das Vertrauen angewiesen und zwar, analog wie der Minister, auf das Vertrauen des Faktors, dem er seine Stellung verdankt. Das ist beim Präsidenten nicht der Reichstag, sondern das Volk. Hat denn das Absetzungsrecht des Volkes, das allerdings durch den Antrag des Reichstages bedingt ist, nicht den Sinn, die Vertrauensfrage aufzuwerfen?

Diese „Willensfreiheit" des Reichspräsidenten findet übrigens in der Reichsverfassung auch positive Stützen. Art. 42 formuliert für den Reichspräsidenten folgenden Eid:

„Ich schwöre, daß ich meine Kraft dem Wohle des deutschen Volkes widmen, seinen Nutzen mehren, Schaden von ihm wenden, die Verfassung und die Gesetze des Reichs wahren, meine Pflichten gewissenhaft erfüllen und Gerechtigkeit gegen jedermann üben werde."

Wie soll der Präsident den Inhalt dieses Eides wahrmachen, wenn er überhaupt zu keinem selbständigen Willensentschluß befähigt sein soll? Ferner, sind nicht gerade auch in diesem Eid Pflichten festgelegt, deren Nichtbeachtung nach Art. 59 zur Anklage führen kann?

Ein weiterer, sachlich an sich unbedeutender Punkt, der aber deutlich zeigt, daß die Verfassung dem Reichspräsidenten wirkliche Entscheidungsfreiheit geben will. Nach Art. 55 hat die Reichsregierung für sich eine Geschäftsordnung zu beschließen, die der Genehmigung des Reichspräsidenten unterliegt. Diese Genehmigung ist zweifellos ein Regierungsakt, der gegengezeichnet werden muß. Welchen Sinn hätte es nun aber, hier eine Genehmigung vorzuschreiben, wenn der Reichspräsident sie unbesehen erteilen müßte?

Damit ist aber überhaupt der springende Punkt berührt. Welchen Sinn hat die Schaffung des Amtes eines Reichspräsidenten überhaupt? Es kostet zweifellos viel Geld. Ein Luxus ist aber unter den heutigen Verhältnissen im Reiche wahrhaftig nicht möglich. Würde nicht die Reichsregierung mit dem Reichskanzler an der Spitze genügen? Tatsächlich wurde ein Antrag der unabhängigen Sozialdemokraten bei der Verfassungsberatung auf Streichung des Reichspräsidenten gestellt, aber bezeichnenderweise abgelehnt. Die Verfassung sieht auch in gewissen Fällen bei kurzer Verhinderung die Vertretung durch den Reichskanzler vor (51). Aber wohlgemerkt nur bei kurzer Verhinderung. Sonst muß ein Reichsgesetz die Vertretung regeln.

Wir kommen also zu dem Ergebnis: der Reichspräsident ist nach der Konstruktion der Reichsverfassung durchaus nicht die rein dekorative Figur, wie der englisch-französisch-belgische Staatschef. Er ist vielmehr als ein an der Spitze der ganzen Reichsorganisation gestellter Funktionär von Fleisch und Blut gedacht, der aus der Mitte der Parteien herausgehoben, über ihnen stehend, von dem Vertrauen des ganzen Volkes getragen, berufen ist, an der Leitung der Geschicke des Reiches sein Teil zu übernehmen. Daß übrigens auch die passive Rolle beispielsweise des französischen Präsidenten stark übertrieben wird, hat gerade der Hergang der jüngsten Wahl gezeigt. Der „Vater des Sieges" Clemenceau ist nach den Presseberichten gerade deswegen nicht gewählt worden, weil man ihm zugetraut hat, daß er die in jenem Amte doch gegebenen Machtvollkommenheiten wirklich ausnutzen könnte. Den deutschen Idealen entspricht offenbar aber ein solches Mißtrauen gegen den an die oberste Stelle im Staat zu berufenden Mann nicht. In den Verfassungsberatungen wurde von den verschiedensten Seiten immer wieder betont, man wünsche einen starken Reichspräsidenten. Zweifellos hat sich kaum jemand ein klares Bild gemacht, wie man durch die einzelnen beschlossenen Bestimmungen dieser Forderung Rechnung getragen habe. Aber immerhin kann man in diesem deutlich hervorgetretenen Wunsche einen Fingerzeig dafür erblicken, daß der hier unternommene Konstruktionsversuch zu einem Ergebnis führt, das sich wohl vertreten läßt.

Zeichnen wir nun die Figur des neuen Reichspräsidenten mit etwas schärferen Strichen, indem wir die gefundenen Einzelzüge — unter weiteren Ergänzungen — zu einem Gesamtbild zusammenfügen. Ein überwältigender Eindruck ist allerdings von vornherein nicht zu erwarten, da ja die gegensätzlichen Grundmotive durch keinerlei Übermalung verdeckt werden können. Im Allgemeinen läßt sich sagen: der Reichspräsident ist weder zu einer selbständigen Politik berufen, wie seine selbständige Wahl durch das Volk anzeigen würde, noch zur Unselbständigkeit verurteilt, wie seiner unselbständigen Stellung gegenüber der Reichsregierung entspräche. Er kann weder seine Persönlichkeit voll zum Durchbruch bringen noch ist er genötigt, sie ganz zu verleugnen. Vielmehr muß in bezug auf jeden einzelnen Punkt genau geprüft werden, ob er dabei seine eigene Meinung zu vertreten und zu verantworten hat oder ob er sich der Anschauung der Regierung anschließen muß. Umgekehrt ist aber auch die Reichsregierung weder in der Lage, dem Reichspräsidenten unbedingt ihren und damit der Reichstagsmehrheit Willen aufzuzwingen, noch sich damit zu bescheiden, daß er gegenteiliger Ansicht ist. Die Folge ist, daß im täglichen Lauf der Geschäfte der Weg der gegenseitigen Verständigung gegangen werden muß, also das in der Reichsverfassung so beliebte Kompromiß einen breiten Raum findet. In grundsätzlichen Fragen aber, in denen kein Teil nachgeben zu können glaubt, muß es zum offenen Kampf kommen. Für dessen Führung und Austragung ist es nicht sehr förderlich, daß die Grundlagen der beiderseitigen Stellung so unklar geregelt sind. Entscheidend ist schließlich die Stärke der Persönlichkeiten, insbesondere stehen sich Reichspräsident und Reichskanzler gegenüber, u. U. können aber auch andere Regierungsmitglieder von hervorragender politischer Stellung in diesem Kampf eine Rolle spielen.

Im einzelnen zeigt sich der bedingte Einfluß des Reichspräsidenten schon bei der Berufung der Regierung. Es ist nicht richtig, daß der Reichstag dem Reichspräsidenten seine Kandidaten um jeden Preis aufzwingen kann. Aber auch der Reichspräsident kann nicht umgekehrt nach freiem Belieben die Männer seiner Wahl berufen. Die Regierung muß also nicht nur das Vertrauen des Reichstages, sondern auch das des Reichspräsidenten genießen. Dann bei der Ernennung der höheren Beamtenschaft. Auch hier ist der Reichspräsident nicht willenlos an den Antrag der Reichsregierung gebunden noch vollkommen davon unabhängig. Er kann sich zweifellos weigern, einen ihm als Schädling bekannten Mann trotz des Regierungsvorschlages zu ernennen, indem er diese Ernennung nicht verantworten zu können erklärt. Umgekehrt darf er aber nicht gegen jeden Antrag Front machen und so die Besetzung des Amtes vereiteln. Und so steht es in allen Fragen, in denen eine positive Handlung vorgeschrieben ist, ohne daß eine besondere Bindung ausgesprochen wäre, mag es sich nun um die äußere oder innere Politik, um die Wehrmacht oder was sonst immer handeln.

Viel weitergehend ist die Freiheit des Präsidenten in bezug auf sein negatives Verhalten, sofern ihm nicht eine Unterlassung strikt vorgeschrieben ist. Denn der Satz, daß auch in negativer Richtung die Anträge der Reichsregierung für den Präsidenten bindend sind, steht und fällt mit der hier abgelehnten Auffassung. Der Reichspräsident kann sich vielmehr ganz nach eigener Erwägung zu einer Unterlassung entschließen, da er hierfür eine Gegenzeichnung nicht braucht. So steht es ihm z. B. im Fall des Art. 72 frei, ein vom Reichstag und Reichsrat für dringlich erklärtes Gesetz gleichwohl nicht sofort zu verkünden, sondern ihm die Wartefrist von zwei Monaten zugute kommen zu lassen. So kann er weiter im Fall des Art. 74 III bei hartnäckiger Meinungsverschiedenheit zwischen Reichstag und Reichsrat über ein Gesetz dieses nach seiner Entscheidung zum Scheitern bringen, indem er von der anderen Alternative, dem Volksentscheid, zu dem er als positivem Akt die Regierung braucht, Abstand nimmt.

Damit ist das wesentliche über die Stellung des Reichspräsidenten gesagt. Nunmehr zu einer näheren Betrachtung der Reichsregierung.

Es wurde bereits früher betont, daß die Reichsregierung nicht nur vom Vertrauen des Reichstags abhängig ist, sondern dieses auch beanspruchen kann. Durch Aufwerfen der Vertrauensfrage wird der Reichstag in die Zwangslage versetzt, entweder seine etwa abweichende Meinung zurückzustellen oder auf einen Regierungswechsel einzugehen. Da die Zusammenstellung der Regierung oft mit großen Schwierigkeiten verbunden ist, ergibt sich in jedem Fall einer sog. Kabinettskrise eine Störung im ruhigen Fortgang der Geschäfte. Die Aufwerfung der Vertrauensfrage ist daher nach Lage der Verhältnisse ein starkes Pressionsmittel. Wenn man das bedenkt, wird man sich leicht darüber im Klaren sein, daß nicht in allen Fällen, in denen eine Handlung oder Mitwirkung der Regierung vorgesehen ist, damit schon feststeht, daß tatsächlich der Wille der Reichstagsmehrheit entscheidet. Es muß eben immer wieder hervorgehoben werden, daß im politischen Leben Führer und Geführte sich gegenseitig bedingen. Die Richtigkeit dieses Satzes erhellt vielleicht am deutlichsten aus einem besonderen Anwendungsfall, der für das Verständnis des ganzen parlamentarisch-politischen Mechanismus nicht unerheblich ist. Er besteht darin, daß nicht nur die Regierung durch die Reichstagsmehrheit eingesetzt werden kann, sondern daß auch umgekehrt eine Reichstagsmehrheit durch die Regierung geschaffen werden kann. Unter Umständen, insbesondere wenn sich in den breiten Wählermassen Verschiebungen der Parteizugehörigkeit in größerem Umfang vollzogen haben, ist es denkbar, daß aus Anlaß einer Kabinettskrise zunächst aus der Minorität eine Regierung gebildet und dieser die Durchführung von Neuwahlen ermöglicht wird. Hier ist ein Fall gegeben, in dem der Reichspräsident seine über den Parteien stehende Stellung geltend machen kann; sein Auflösungsrecht gewinnt dann praktische Bedeutung, allerdings nicht für die Austragung eines Konfliktes zwischen seiner politischen Stellungnahme und der Reichstagsmehrheit, sondern zur Regulierung der Spannungsverhältnisse in der politischen Atmosphäre.

Betrachten wir nun die Regierung für sich, so ist der wichtigste Punkt die gegenseitige Stellung ihrer Mitglieder. Die besondere Rolle, die dem Reichskanzler zufällt, ist uns bereits mehrfach deutlich geworden. Hier ist sie nunmehr im Zusammenhang zu betrachten. Von ausschlaggebender Bedeutung ist der Einfluß des Kanzlers auf die Zusammensetzung des Kabinetts. Nach Art. 53 obliegt ihm zunächst der Vorschlag an den Reichspräsidenten für die Ernennung der Reichsminister. Hierin zeigt sich die politische Solidarität der Regierung. Es handelt sich für den Reichskanzler um die Bildung *seines* Kabinetts. Anders ausgedrückt, die Minister bedürfen nicht nur des Vertrauens des Reichstags und, wie sich gezeigt hat, des Reichspräsidenten, sondern auch des Reichskanzlers. Er wählt sich in gewisser Beziehung seine Mitarbeiter aus, wobei er allerdings von vornherein auf die Wünsche der Mehrheit, auf die er sich stützen will, Rücksicht nehmen muß. In der Regel gehen also der Regierungsbildung Verhandlungen mit den Parteien über die Personalfragen voraus, häufig präsentieren die Parteien einfach ihre Vertreter. Ist der Reichskanzler dann nicht einverstanden, so scheitert die Kabinettsbildung. Der Reichspräsident dagegen wird sich im allgemeinen größte Zurückhaltung auferlegen müssen.

Der Reichskanzler hat weiter auch laut ausdrücklicher Vorschrift der Verfassung das Vorschlagsrecht für die Entlassung. Der Reichspräsident kann ohne diesen Vorschlag eine Entlassung nicht verfügen. Der Reichskanzler muß diesen Vorschlag machen, wenn der Reichstag einem Minister durch ausdrücklichen Beschluß sein Vertrauen entzieht (54). In diesem Fall muß der Reichspräsident die Entlassung verfügen.

Aber auch sonst muß der Reichspräsident den Enthebungsantrag des Reichskanzlers vollziehen, hat also in diesem Fall keine Entschlußfreiheit; es sei denn, daß er den Reichskanzler selbst zum Rücktritt zwingen will. Nun erhebt sich die Frage, ob die Reichsminister ihrerseits ohne Zustimmung des Reichskanzlers zurücktreten können. Nach dem Wortlaut der Verfassung wäre das nicht zulässig. Überhaupt kann danach ein Minister nicht einseitig sein Amt niederlegen, wie dies beispielsweise die bayerische Verfassungsurkunde in § 59 II vorsieht, vielmehr muß er auf seine Bitte erst vom Reichspräsidenten entlassen werden. Aber wenn auch dieser umständlichere Weg gewählt ist, so muß doch aus politischen Gründen angenommen werden, daß der einzelne Minister sowohl gegenüber dem Reichskanzler als auch gegenüber dem Reichspräsidenten jederzeit das Recht hat, seine unverzügliche Entlassung zu fordern. Denn man kann von ihm nicht die Teilnahme an einer Politik verlangen, für die er die Verantwortung ablehnen zu müssen glaubt. Zur Weiterführung der Geschäfte wird er höchstens bis zur Ernennung seines Nachfolgers verpflichtet sein. Eine derartige Verpflichtung ist auch in Bayern für den Fall der Gesamtdemission vorgesehen (§ 66 I). Übrigens wird in einem Falle auch ausdrücklich von dem Rücktritt des einzelnen Ministers gesprochen, dann nämlich, wenn der Reichstag ihm sein Vertrauen entzieht (54).

Der Reichskanzler selbst wird ohne einen Vorschlag vom Reichspräsidenten ernannt. Die Gegenzeichnung kann durch den Ernannten selbst erfolgen. Die Wahl muß auf einen Mann fallen, von dem anzunehmen ist, daß er eine Mehrheit im Reichstag findet oder gegebenenfalls sich durch die Auflösung und Neuwahl verschaffen kann. Man kann also nicht gut sagen, daß es sich unbedingt um eine Einigung zwischen dem Reichspräsidenten und dem Reichstag handeln muß. Noch deutlicher ist dies bei der Entlassung des Reichskanzlers. Zwar ist der Reichspräsident zur Enthebung verpflichtet, wenn der Reichstag dem Kanzler sein Vertrauen entzieht. Aber sonst kann der Reichspräsident auch selbständig handeln. Der Reichskanzler muß in solchem Falle kontrasignieren, also gewissermaßen sein Todesurteil selbst mit unterschreiben. Die Berufung des Nachfolgers geschieht dann nach den eben dargelegten Grundsätzen. Selbstverständlich ist bei einem solchen einseitig durch den Reichspräsidenten inszenierten Regierungswechsel die Möglichkeit des Konfliktes mit dem Reichstag gegeben.

Der Reichskanzler hat nach Art. 56 die Richtlinien der Politik zu bestimmen und dafür gegenüber dem Reichstag die Verantwortung zu tragen. Die Tragweite dieser Bestimmung ist nicht ganz klar. Wie der Satz formuliert ist, gilt er an sich unbedingt, d. h. er macht seinem Wortlaut nach auch vor dem Reichspräsidenten nicht halt. Nach dem Zusammenhang aber bezieht er sich nur auf die Stellung des Kanzlers im Kabinett. Die Auslegung wird also verschieden ausfallen, je nachdem man die französisch-englisch-belgische oder die hier vertretene Auffassung von der Stellung des Reichspräsidenten zugrunde legt.

Die Stellung der einzelnen Minister innerhalb des Kabinetts ist ebenfalls nicht ganz eindeutig bestimmt. In Art. 56 heißt es, daß jeder Reichsminister innerhalb der vom Reichskanzler festgelegten Richtlinien den ihm anvertrauten Geschäftszweig selbständig und unter eigener Verantwortung gegenüber dem Reichstag führt. Ferner gibt Art. 54 dem Reichstag das Recht, jeden einzelnen Minister durch Entziehung des Vertrauens zum Rücktritt zu zwingen. Damit soll von dem bisherigen System der Unterordnung der Verwaltungschefs unter den Reichskanzler abgerückt werden. Das entspricht dem Gedanken der parlamentarischen Regierung. Andererseits ist aber in Art. 55 bestimmt, daß der Reichskanzler den Vorsitz in der Reichsregierung führt und ihre Geschäfte leitet. Nach Art. 58 werden die Beschlüsse mit Stimmenmehrheit gefaßt — gemeint ist wohl Stimmenmehrheit der Anwesenden —, bei Stimmengleichheit entscheidet der Reichskanzler. Es gibt also auch Regierungsakte, die nicht zum Gebiet der Richtlinien gehören, in denen aber gleichwohl der einzelne Minister nicht selbständig handelt. Sonach sind im Bereich der Regierung zwei gegensätzliche Systeme, das der individuellen und das der kollegialen Geschäftsbehandlung, vorgesehen und es bedarf genauerer Bestimmung im Einzelfall, welches beider Prinzipien zu gelten hat. Art. 57 gibt hierüber einen gewissen Aufschluß, indem er eine Anzahl von Angelegenheiten aufzählt, die der Regierung als Kollegium zur Beratung und Beschlußfassung zu unterbreiten sind. Genannt werden „alle Gesetzentwürfe, ferner Angelegenheiten, für welche Verfassung oder Gesetz dieses vorschreiben, sowie Meinungsverschiedenheiten über Fragen, die den Geschäftsbereich mehrerer Reichsminister berühren". Unbedingt richtig ist diese Aufzählung aber keinesfalls; denn sobald die einzelnen Gegenstände unter den Gesichtspunkt der Richtlinien fallen, muß die Entscheidung dem Reichskanzler allein zustehen. Um einzelne in der Reichsverfassung selbst erwähnte Gegenstände hervorzuheben, sei beispielsweise auf Art. 12 II Einspruch gegen Sozialisierungsgesetze der Länder, ferner auf Art. 15 Aufsicht über die Tätigkeit der Länder in Angelegenheiten, in denen dem Reich das Recht der Gesetzgebung zusteht, verwiesen. In beiden Belangen können hochpolitische Fragen auftauchen.

Hält man dies alles zusammen, so kommt man zu dem Ergebnis, die Geschäfte der Reichsregierung in drei Gruppen zu teilen, in solche, die zur Bestimmung der leitenden politischen Gesichtspunkte gehören und daher Sache des Reichskanzlers sind, in solche, die kollegial zu erledigen sind, und endlich in solche, die zu den Aufgaben der einzelnen Regierungsmitglieder gehören. Im Einzelfall wird es nicht immer leicht sein, die Ausscheidung richtig vorzunehmen. Möglicherweise wird die in Art. 55 vorgesehene, von der Reichsregierung zu beschließende Geschäftsordnung, deren Genehmigung, wie wir früher gesehen haben, Sache des Reichspräsidenten ist, nähere Klarstellung bringen.

VII. Die Reichsgesetzgebung.

Der Montesquieusche Gedanke, den Mißbrauch der unbeschränkten Gewalt des Staates durch Verteilung auf verschiedene von einander unabhängige Faktoren zu verhüten, hat zu dem politischen Grundsatz der sog. Trennung der Gewalten geführt. Drei staatliche Funktionen werden unterschieden, Gesetzgebung, Vollziehung, Rechtspflege, die auf drei gleichgestellte Organe, Parlament, Staatsoberhaupt und Regierung, Gerichte, aufgeteilt werden. In der konstitutionellen Monarchie hat der Grundsatz eine gewisse Abwandlung dadurch erfahren, daß die Gleichstellung teilweise nicht durch gegenseitige Unabhängigkeit, sondern durch gegenseitige Abhängigkeit erreicht wird: In bezug auf die Gesetzgebung tritt neben den Beschluß des Parlaments in der sog. Sanktion der Wille des Monarchen, in bezug auf die Verwaltung neben den Auftrag des Herrschers die Verantwortlichkeit des Ministers gegenüber der Volksvertretung. Nur die Unabhängigkeit der Gerichte bleibt unangetastet, frei von parlamentarischen und monarchischen Einflüssen.

Im Gegensatz zu Montesquieu steht die Staatslehre eines zweiten großen Franzosen, von Rousseau, der die Idee der Volkssouveränität, der Herrschaft des Volkes über die Gesamtbetätigung der Staatsgewalt vertritt. Die letzte Folgerung ist die republikanische Staatsform. Diese Lehre tritt insofern in Gegensatz zur Teilung der Gewalten, als an Stelle des Prinzips der Unabhängigkeit der Vollziehung von der Gesetzgebung oder seiner Abwandlung in das System der gegenseitigen Abhängigkeit beider die Lehre von der einseitigen Abhängigkeit der Vollziehung von der Gesetzgebung tritt. Allerdings läßt sich vom formal logischen Standpunkt aus die Teilung der Gewalten mit der Volkssouveränität in der Weise vereinbar machen, daß das Volk unmittelbar die Träger der verschiedenen Gewalten einzusetzen hat, z. B. den Staatspräsidenten als Träger der vollziehenden, das Parlament als Träger der gesetzgebenden Gewalt. Praktisch-politisch läßt sich indes die Machtübertragung an eine einzelne Person mit dem demokratischen Gedanken nicht recht versöhnen, während das System der von dem Parlament abhängigen Regierung eine deutliche Beziehung zwischen dem Vollzug und dem Volke bzw. seiner Vertretung herstellt.

Mit dem durch die Revolution bewirkten Übergang zur parlamentarisch-republikanischen Staatsform hat naturgemäß die Idee der Volkssouveränität bei uns Eingang in die politische Gedankenwelt der breiten Massen gefunden. Wie aber die Revolution, die von einer Minderheit gemacht war, in ihren praktisch-politischen Zielen, in der Durchführung des Sozialismus, zunächst an dem passiven, dann an dem aktiven Widerstand der Mehrheit scheiterte, so ist sie auch in ihren theoretisch-politischen Bestrebungen nur teilweise durchgedrungen. In der Reichsverfassung wurde daher auch an dieser Stelle der Weg des Kompromisses beschritten, indem Elemente aus beiden

Systemen des staatlichen Aufbaus miteinander kombiniert wurden: einerseits Ansätze zu dem Übergewicht des Volkes und seiner Vertretung durch Einführung der parlamentarischen Regierung, andererseits Ansätze zur Teilung der Gewalten durch Schaffung eines unmittelbar vom Volke gewählten Reichspräsidenten. Äußerlich tritt diese Hereinziehung des zweiten Elements auch darin in Erscheinung, daß in der Anordnung des Stoffes die Gewaltenteilung beibehalten wurde. Der 5. Abschnitt handelt von der Reichsgesetzgebung der 6. von der Reichsverwaltung, der 7. von der Rechtspflege. Wie weit diese Trennung aber tatsächlich durchgeführt wurde, ist bereits z. T. bei Besprechung der Stellung des Reichspräsidenten und der Regierung zutage getreten und wird sich zum andern Teil bei der Einzelbetrachtung der drei Funktionen von selbst erweisen.

Die Reichsgesetzgebung, von der zunächst die Rede sein soll, ist sehr verwickelt geordnet. Einzelnes wurde schon gelegentlich berührt, insbesondere die Beteiligung aller obersten Organe der Reichsgewalt mit verschiedenem Maß des Einflusses. Der tatsächliche Schwerpunkt liegt bei der Volksvertretung, dem Reichstag, formell hat das Volk die höchste Stellung, eine gewisse Beteiligung steht dann auch dem Reichspräsidenten, der Reichsregierung, dem Reichsrat und schließlich dem Reichswirtschaftsrat zu.

Die entscheidende Rolle des Reichstags bzw. der Reichstagsmehrheit wird durch Art. 68 II in dem scharf umrissenen Satz zum Ausdruck gebracht: „Die Reichsgesetze werden vom Reichstag beschlossen." Diese Fassung kann in dem Sinne als zutreffend bezeichnet werden, daß der Reichstag das normale und notwendige Organ der Gesetzgebung ist. Kein Gesetz kann ohne seine Mitwirkung zustande kommen; dagegen ist die Mitwirkung jeder der anderen Organe nicht unbedingt erforderlich.

Zu dem Gesetzesbeschluß des Reichstags ist regelmäßig einfache Stimmenmehrheit erforderlich (32). Ob Mehrheit der Anwesenden oder Abstimmenden, ist verfassungsmäßig nicht festgelegt. Jedenfalls nicht Mehrheit der gesetzlichen Mitgliederzahl, da nach Art. 32 II die Beschlußfähigkeit durch die Geschäftsordnung zu regeln ist. Diese Art der näheren Bestimmung ist nicht einwandfrei; denn damit wird ein wesentlicher Punkt des Gesetzgebungsprozesses in einem Dokument festgelegt, das durch einfachen Beschluß des Reichstages ohne Mitwirkung der anderen gesetzgebenden Faktoren zustande kommt und nicht öffentlich kund gemacht wird. Anders bei Verfassungsgesetzen; hierfür wird nach Art. 76 die Anwesenheit von zwei Drittel der gesetzlichen Mitgliederzahl und die Zustimmung von zwei Drittel der Anwesenden gefordert. Es verdient eigens betont zu werden, daß sonach für Verfassungsänderungen eine qualifizierte Minderheit, nämlich vier Neuntel der gesetzlichen Stimmen, genügt.

Wie vollzieht sich nun das Zustandekommen der Reichsgesetze des näheren? De. normale Hergang ist der, daß die Reichsregierung eine Vorlage einbringt. Daneben kann aber auch seitens des Reichstages die Initiative ergriffen werden. Art. 68 I besagt: „Die Gesetzesvorlagen werden von der Reichsregierung oder aus der Mitte des Reichstags eingebracht.“ Der Schwerpunkt der Gesetzesvorbereitung und damit der maßgebende Einfluß auf ihren Inhalt liegt aber bei der Reichsregierung, die ja allein über den erforderlichen Apparat verfügt. Die Regierung und ihre Beauftragten haben ferner zu den Sitzungen der Vollversammlung und der Ausschüsse Zutritt und müssen dort gehört werden (33). Sie können also ihre Vorlagen vertreten und auch zu Initiativanträgen Stellung nehmen.

Der Regierung ist grundsätzlich der Reichsrat gleichgeordnet. Alle Vorlagen der Reichsregierung müssen den Reichsrat passieren. Stimmt dieser nicht zu, so kann die Vorlage gleichwohl an den Reichstag gebracht werden, es muß aber auch die abweichende Auffassung des Reichsrats dargelegt werden (69 I). Beschließt der Reichsrat selbständig eine Gesetzesvorlage, so muß diese von der Reichsregierung eingebracht werden, auch wenn sie selbst nicht zustimmt (69 II). Die Bevollmächtigten der Länder sind befugt, in der Vollversammlung und in den Ausschüssen des Reichstags den Standpunkt ihrer Regierungen zu vertreten, mag es sich nun um Anträge des Reichsrats, der Reichsregierung oder solche aus der Mitte des Hauses handeln.

Hat nun der Reichstag Beschluß gefaßt und ergeben sich keinerlei weitere Schwierigkeiten, so ist das Gesetz damit verfassungsmäßig zustande gekommen. Der Reichspräsident ist gemäß Art. 70 verpflichtet, das Gesetz auszufertigen, d. h. eine das verfassungsmäßige Zustandekommen bestätigende Urkunde auszustellen, und dann das Gesetz binnen Monatsfrist im Reichsgesetzblatt zu verkünden. Die Ausfertigung und der Verkündungsbefehl sind als Anordnungen des Reichspräsidenten durch ein Mitglied der Reichsregierung gegenzuzeichnen. Durch diesen Akt wird dem Reichstag gegenüber die Verantwortung für die Verfassungsmäßigkeit übernommen. Die „Reichsgesetze treten, soweit sie nichts anderes bestimmen, mit dem vierzehnten Tage nach Ablauf des Tages in Kraft, an dem das Reichsgesetzblatt in der Reichshauptstadt ausgegeben worden ist" (71).

Dies das Normalschema. Abweichungen ergeben sich sowohl in bezug auf den Beginn als auch auf das Ende des Gesetzgebungsprozesses.

In ersterer Richtung kommt die Initiative des Volkes (73 III) und des Reichswirtschaftsrates (165 IV) in Betracht. Über die letztere wurde bereits oben S. 75 das nötige gesagt.

Was die Initiative des Volkes betrifft, so kann ein Zehntel der Stimmberechtigten das Begehren nach Vorlage eines ausgearbeiteten Gesetzentwurfes stellen. Die Regierung muß dann den Entwurf unter Darlegung ihrer Stellungnahme dem Reichstag unterbreiten. Nimmt der Reichstag den Entwurf unverändert an, so ist das Gesetz damit zustande gekommen; eine Volksabstimmung findet nicht mehr statt. Ein solches

Volksbegehren kann sich auch auf Änderungen der Verfassung beziehen. Im übrigen besteht eine Einschränkung nur insofern, als der Haushaltsplan, Abgabengesetze und Besoldungsordnungen vom Volksbegehren ausgenommen sind. Diese Einschränkung kann aber selbst wieder durch Volksbegehren im Wege der Verfassungsänderung aufgehoben werden. So erweist es sich auch wieder an diesem Punkt, daß das Volk formell stets in der Lage ist, seinen Willen durchzusetzen.

Bei dem Normalschema wurde oben nur der Fall besprochen, daß der Reichstag das vorgeschlagene Gesetz beschließt und sich keine Weiterungen ergeben. Von solchen Weiterungen, die dann den Abschluß des Gesetzgebungsverfahrens berühren, soll gleich die Rede sein. Vorher ist aber noch der Fall zu besprechen, daß der Reichstag den Gesetzantrag ablehnt. In diesem Fall ist das Gesetz in der Regel gescheitert. Nur wenn es sich um ein Volksbegehren handelt, muß dann die Volksabstimmung, der sog. Volksentscheid, stattfinden. Daraus ergibt sich, daß kein anderer Faktor, als das Volk, ein Gesetz gegen den Willen des Reichstags erzwingen kann; es allein ist stärker als die Volksvertretung, ihm kommt sonach die Stellung des obersten gesetzgebenden Faktors zu.

Was das Stimmenverhältnis beim Volksentscheid betrifft, so ist das Nähere in einem nach Art. 73 V verheißenen besonderen Gesetz über das Verfahren beim Volksentscheid zu regeln. Die Verfassung selbst enthält nur zwei Bestimmungen. Einmal ist in Art. 75 gesagt, daß durch Volksabstimmung ein Beschluß des Reichstages nur dann entkräftet werden kann, wenn sich die Mehrheit der Stimmberechtigten beteiligt. Dadurch wird die Stellung des Reichstags gegenüber dem Volke stark befestigt. Dann enthält Art. 76 die Norm, daß Verfassungsänderungen durch Volksabstimmung, sobald ein Volksbegehren zugrunde liegt, der Zustimmung der Mehrheit der Stimmberechtigten bedürfen. Auch in diesem Punkt ist der Reichstag günstiger gestellt, da bei ihm eine qualifizierte Minderheit von vier Neunteln genügt.

Nun zu den Abweichungen von dem Normalschema am Ende des Gesetzgebungsprozesses. Ist das Gesetz vom Reichstag beschlossen worden, so können sich noch allerlei Hindernisse ergeben, indem ein Einspruch erhoben werden kann. Ein solcher Einspruch, den man auch Veto nennen kann, steht zu der Reichstagsminderheit, dem Reichspräsidenten unter Gegenzeichnung der Reichsregierung, endlich dem Reichsrat.

Das Veto der Reichstagsminderheit ist folgendermaßen geregelt. Nach Art. 72 kann ein Drittel des Reichstages verlangen, daß die Verkündung eines Reichsgesetzes um zwei Monate ausgesetzt wird. Dieses Verlangen kommt selbst bei Verfassungsgesetzen in Betracht, insofern diese ja schon durch vier Neuntel der gesetzlichen Stimmen im Reichstag beschlossen sein können. Hat aber die Reichstagsmehrheit im Verein mit dem Reichsrat das Gesetz für dringlich erklärt, so hat der Reichspräsident die Möglichkeit, mit Gegenzeichnung, d. h. Zustimmung der Reichsregierung das Gesetz sofort zu verkünden (72 Satz 2). Da aber nur von einem Können und keinem Müssen des Reichspräsidenten die Rede ist, so steht es ihm — wie bereits früher dargelegt — auch frei, den Einspruch der Minderheit gleichwohl zu respektieren; eine Zustimmung der Regierung ist hierzu nicht erforderlich, weil es sich ja um keinen positiven Akt handelt. Bleibt die Verkündung ausgesetzt, so wird damit nach 73 II einem Zwanzigstel der Stimmberechtigten, also der Hälfte der sonst erforderlichen Zahl, die Möglichkeit gegeben, einen Volksentscheid zu verlangen. Auf diese Weise kann die Reichstagsminderheit dem Volk zu dem Recht der Überprüfung von Gesetzesbeschlüssen der Reichstagsmehrheit verhelfen, von sich aus dagegen kann das Volk — um das in diesem Zusammenhang noch einmal zu wiederholen — eine solche Überprüfung unmittelbar nicht fordern. Es steht nur der mittelbare Weg offen, die Initiative zu einem Gesetz zu ergreifen, welches ein vom Reichstag beschlossenes Gesetz aufhebt oder abändert. In diesem Fall ist der verpönte Beschluß allerdings formell schon Gesetz geworden.

Der Reichspräsident kann nach Art. 73 I die Monatsfrist zwischen der Ausfertigung und Verkündigung, die nach 70 vorgesehen ist, dazu benutzen, um einen Volksentscheid herbeizuführen. Es ist das der bereits mehrmals erwähnte Fall des Veto des Reichspräsidenten, wodurch dieser gegen Gesetzesbeschlüsse des Reichstags an das Volk appellieren kann. Wie wir bereits gesehen haben, erfordert ein solcher Akt die Zustimmung, weil Gegenzeichnung der Reichsregierung, mit der nur gerechnet werden kann, wenn im Reichstag eine Zufallsmehrheit zustande kam oder die Regierungskoalition selbst die Deckung durch die Volksabstimmung wünscht. Das Veto des Reichspräsidenten kann auch bei dem vom Volksbegehren ausgenommenen Gesetzen zum Volksentscheid führen. Sonderfragen sind, ob der Präsident die Volksabstimmung auch in den Fällen anordnen kann, daß die Reichstagsminderheit ihr Veto eingelegt hat oder daß ein vom Reichstag vorbehaltlos angenommenes Volksbegehren gegeben ist. Beide Fragen sind zu bejahen. Denn im ersten Fall wird ja gerade dem Wunsch der Minderheit zur Erfüllung verholfen. Im zweiten Fall ist zu bedenken, daß in dem Volksbegehren nur der Wille einer kleinen Minorität, von einem Zehntel der Stimmberechtigten, zum Ausdrucke gelangt ist. Die tatsächliche Volksabstimmung kann dann erst feststellen, daß diese Minorität im Sinne der Mehrheit des Volkes gehandelt hat. Auf diese Weise wird dann auch eine Gewähr geboten, daß nicht die Reichstagsmehrheit zusammen mit einer kleinen Volksminderheit das Gesamtvolk majorisiert.

Auch der Reichsrat hat ein Einspruchsrecht gegen Beschlüsse des Reichstags, das in Art. 74 des Näheren geregelt ist. Die wichtigsten Normen für dieses Veto sind folgende: Zunächst wird ein Einigungsversuch unternommen und das Gesetz nochmals an den Reichstag zurückgeleitet. Wird dem Bedenken des Reichsrates nunmehr Rechnung getragen, so verläuft die Angelegenheit im normalen Geleise weiter. Schlägt der Einigungsversuch fehl, so kommt es darauf an, ob der

Reichstag mit Zweidrittelmehrheit an seinem beanstandeten Beschluß festhält oder mit geringerer Stimmenzahl. Im letzteren Fall hat der Präsident das Wahlrecht, entweder die Entscheidung des Volkes herbeizuführen oder das Gesetz scheitern zu lassen. Zur Anordnung des Volksentscheides ist die Zustimmung, weil Gegenzeichnung, der Regierung erforderlich. Das Scheiternlassen stellt ein negatives Verhalten dar, für welches dieses Erfordernis nicht besteht. Daher kann sich der Reichspräsident mit dem Reichsrat gegen den Reichstag und auch die Reichsregierung verbünden. Anders steht die Sache bei einem Zweidrittelmehrheitsbeschluß. In diesem Fall hat der Präsident nur die Wahl, entweder den Volksentscheid anzuordnen oder das Gesetz sofort in der vom Reichstag beschlossenen Fassung zu verkünden. Da in beiden Fällen ein positiver Akt in Frage kommt, der der Gegenzeichnung bedarf, liegt die Entscheidung materiell bei der Reichsregierung. Sie wird wohl nur ausnahmsweise im Sinne des Volksentscheids ausfallen, wenn nämlich die Regierungsmehrheit selbst darauf Wert legt.

Würde man nun diese Regeln auf Verfassungsänderungen ohne weiteres Anwendung finden lassen, so ergäbe sich ein merkwürdiges Resultat. Da in diesem Fall stets eine Zweidrittelmehrheit im Reichstag vorliegen muß, könnte der Einfluß des Reichsrates durch die sofortige Verkündigung des Reichstagsbeschlusses nach fruchtlosem Ablauf des Einigungsverfahrens in jedem Fall vereitelt werden. Auf diese Weise wäre der Reichsrat gegenüber einer Minderung seiner Rechte oder der Rechte der Länder einfach wehrlos gemacht. Um das zu verhüten, schreibt Art. 76 II in einem solchen Falle vor, daß der Reichsrat auf dem Volksentscheid bestehen kann.

Wieder erheben sich Sonderfragen bezüglich der Konkurrenz mit den beiden anderen Fällen des Veto und mit dem Fall eines Volksbegehrens.

Hat die Minderheit des Reichstags ihr Veto eingelegt, so besteht jedenfalls kein Bedenken auf Grund des Einspruchs des Reichsrates den Volksentscheid anzuordnen, weil damit ja nur dem gleichen Zwecke genügt wird. Das Scheitern des Gesetzes kommt nur in Frage, wenn der Antrag des Zwanzigstels der Stimmberechtigten entfällt. Die sofortige Verkündung des Gesetzes scheidet aus. Schwierigkeiten können sich in dem Fall ergeben, als der Reichstag dem Bedenken des Reichsrates Rechnung trägt. Damit ist nicht gesagt, daß auch den Wünschen der Reichstagsminderheit entsprochen ist. In diesem Fall muß es ihr wohl überlassen bleiben, den Einspruch zurückzuziehen oder aufrecht zu erhalten. Dabei wird es Auslegungsfrage sein, ob eine Rücknahme des Einspruchs von der gleichen Minderheit ausgeht wie der Einspruch selbst.

Der Einspruch des Reichsrates und des Präsidenten konkurrieren insofern nicht, als ja in jedem Fall des Reichsratsvetos dem letzteren die Anordnung des Volksentscheids offen steht.

Hat der Reichsrat das Einspruchsrecht auch gegen solche Reichstagsbeschlüsse, mit denen ein Volksbegehren unverändert angenommen wurde? Wollte man das leugnen, so ergäbe sich für die Reichstagsmehrheit die Möglichkeit, durch Veranlassung eines Volksbegehrens das Veto des Reichsrats zu vereiteln. Merkwürdigerweise führt aber auch die Zulassung des Vetos bei wörtlicher Auslegung zu dem gleichen Ergebnis. Gewiß der Einigungsversuch findet zunächst statt. Schlägt er aber fehl, und käme sonach an sich das Wahlrecht des Reichspräsidenten in Frage, so scheidet dieses doch wieder aus besonderen Gründen und zwar in seinen beiden Alternativen aus. Denn von einem Scheiternlassen kann keine Rede sein, weil es zur Volksabstimmung kommen muß, wenn diese nicht durch die vorbehaltlose Annahme des Gesetzesentwurfes überflüssig wird. Die Anordnung der Volksabstimmung scheidet aber aus, weil diese nach Art. 73 III infolge der unveränderten Annahme des Entwurfes im Reichstag unterbleiben soll. Die sofortige Verkündigung des Gesetzes endlich macht das Reichsratsveto von sich aus wertlos. Man wird indes auch in diesem Falle ebenso wie wir dies bei Konkurrenz des Volksbegehrens und des Vetos des Präsidenten gesehen haben, die Zulässigkeit des tatsächlichen Volksentscheids annehmen müssen, damit die nicht am Volksbegehren beteiligten Neunzehntel der Stimmberechtigten zu Worte kommen können. Als Auslegungsnorm muß hier wieder der Satz von der Sonderregel, die der allgemeinen vorgeht, herangezogen werden.

Im Vorausgegangenen ist bereits an verschiedenen Stellen der größte Teil der besonderen Vorschriften angeführt worden, die gelten, wenn es sich nicht um einfache Reichsgesetze, sondern um Änderungen der Reichsverfassung handelt. Es entspricht der Wichtigkeit dieser Frage, wenn das zerstreut vorgebrachte hier zum Schlusse noch einmal kurz zusammengefaßt werden soll.

Während in republikanischen Staaten der Bestand der Verfassung sehr häufig unter die besondere Sanktion der Volksabstimmung gestellt wird, legt die Reichsverfassung auf eine derartige solenne Garantie keinen Wert. Verfassungsänderungen unterscheiden sich vielmehr von der alltäglichen Gesetzesarbeit nur durch gewisse erhöhte Stimmerfordernisse für die normalen legislativen Organe. Im Reichstag wird bei Zweidrittelanwesenheit der Stimmberechtigten eine Zweidrittelmehrheit der Abstimmenden gefordert, was auf ein Mindesterfordernis von vier Neuntel der Abgeordneten hinausläuft. Bei Volksabstimmungen wird nur, wenn die Initiative vom Volke ausgeht, eine etwas erhöhte Gewähr, nämlich die einfache Mehrheit der Stimmberechtigten verlangt. Beschlüsse des Reichsrats, die auf Abänderung der Verfassung lauten, bedürfen einer Zweidrittelmehrheit der abgegebenen Stimmen (76 I). Durch die letztere Vorschrift ist aber eine Garantie des bestehenden Verfassungszustandes durchaus nicht erreicht, da ja die Reichsregierung über das Votum des Reichsrats bei Einbringung ihrer Vorlagen ohne weiteres hinwegschreiten kann; es wird nur eine Erschwerung der Verfassungsinitiative des Reichsrats selbst erzielt. Für das — sich in negativer Richtung bewegende — Einspruchsrecht gilt diese Vorschrift übrigens selbstverständlich nicht. Dagegen kommt das Recht des Reichsrats, bei Verfassungsänderungen das Referendum zu verlangen, der Aufrechterhaltung des geltenden Rechtes zugute. Das sind alle in Betracht kommenden Vorschriften. Eine ausgeprägte konservative Tendenz tritt in ihnen gewiß nicht zutage.

Zu allerletzt noch ein paar Worte über die Frage der Sanktion der Gesetze. Dieser Begriff spielt im monarchisch-konstitutionellen Staatsrecht eine erhebliche Rolle. Man versteht darunter jenen Willensakt, der einen beschlossenen Rechtsinhalt zur bindenden Norm erhebt, indem er den Auftrag zur Befolgung ausspricht, den sog. Gesetzesbefehl erteilt. Gelegentlich war davon schon im Vorübergehen die Rede. Diese Sanktion schrieb man in der Regel dem Monarchen zu und erhob damit den von ihm ausgehenden Willensakt auf eine besonders hohe Stufe, von der aus er alle sonstigen im Gesetzgebungsprozeß vorkommenden Willensakte überragen sollte. Eine nüchterne von allem Formelkram losgelöste Betrachtung konnte allerdings in dem Beschluß des Staatsoberhauptes nichts wesentlich anderes als in allen übrigen Beschlüssen erblicken, da ja alle für das Zustandekommen des Gesetzes sachlich gleich wichtig waren. Man konnte höchstens mit derselben Befriedigung, mit der man die Einfügung des Schlußsteins in ein Gebäude hervorzuheben pflegt, auch dieses letzten Aktes besonders gedenken. Fragen wir nun, welcher Akt in dem Gesetzgebungsverfahren der neuen Reichsverfassung mit diesem Ehrentitel der Sanktion belegt werden könnte, so ist die Antwort durch die vorausgehende Erörterung bereits gegeben. Es ist einfach der letzte Beschluß von selbständiger Bedeutung, der in dem ganzen Werdegang des Gesetzes vorkommt, also entweder die Schlußabstimmung im Reichstag oder der Volksentscheid. In den Fällen aber, in denen sich an die Schlußabstimmung in der Volksvertretung möglicherweise noch eine Abstimmung im Volke selbst anschließen kann, mag man die erstere als bedingte Sanktion betrachten. In diesem Punkte tritt jedenfalls die Demokratie in anspruchsloserem Gewande auf als das monarchische System.

VIII. Die Reichsverwaltung.

In dem fünften Abschnitt der Verfassung über die Reichsgesetzgebung wird deren Form, der sog. Weg der Gesetzgebung, geordnet, während die Zuständigkeit der Reichsgesetzgebung in dem ersten Abschnitt über Reich und Länder geregelt ist. Wäre die Verfassung ein systematisch durchdachter Bau, so müßte bei der Verwaltung ebenso verfahren sein. Eine solch große Linienführung fehlt. Die Bestimmungen über die Zuständigkeit der Reichsverwaltung, ebenso aber auch über ihre Formen, sind in der ganzen Verfassungsurkunde zerstreut. Einzelne Vorschriften finden sich im Abschnitt Reich und Länder, z. B. Art. 14—16, im Abschnitt Reichspräsident und Reichsregierung 45—48, 50, im Abschnitt Reichsrat 67, Reichsgesetzgebung 77, Rechtspflege 107. Eine weitere Reihe von Bestimmungen sehr gewichtiger Art sind im zweiten Hauptteil über die Grundrechte und Grundpflichten enthalten, woselbst sich zahlreiche Grundsätze finden, die der Verwaltung übrigens nicht nur des Reichs, sondern auch der Länder und Gemeinden eine bestimmte Tätigkeit zur Aufgabe machen.

Was bleibt da noch für den eigenen Abschnitt „Reichsverwaltung" übrig? Eine Reihe von inhaltlich recht verschiedenen Anordnungen zum Teil in bezug auf die Zuständigkeit in gewissen Verwaltungsangelegenheiten, zum Teil in bezug auf einzelne Punkte ihrer Führung, hauptsächlich soweit sonst kein geeigneter Anknüpfungspunkt oder kein rechter Platz vorhanden war. Ihrem Inhalt nach sind meist solche Punkte gewählt, die aus der alten Reichsverfassung übernommen oder an solche übernommenen Bestimmungen angelehnt sind.

Die Folgen dieses unsystematischen Verfahrens zeigen sich hauptsächlich nach zwei Richtungen. Einmal liegt der Schwerpunkt auf einer Fülle von mehr oder weniger bedeutungsvollen Einzelheiten, während die großen, wichtigen Gesichtspunkte ganz unter den Tisch gefallen sind. Der Hinweis auf den gleichen Zustand in der alten Reichsverfassung ist nicht stichhältig, weil ja früher die reichseigene Verwaltung nur von untergeordneter Bedeutung war, während sie jetzt stark in den Vordergrund getreten ist. Dieser grundsätzliche Wandel wurde vollkommen übersehen. Die andere nachteilige Folge besteht in einer ungeheuren Erschwerung der Darstellung.

Für das Folgende ist zu berücksichtigen, daß die grundsätzliche Zuständigkeitsverteilung zwischen Reich und Ländern auch auf dem Gebiet der Verwaltung und die Verteilung der Mittel bereits früher dargelegt wurden. Hierauf wird allerdings noch gelegentlich zurückzukommen sein. Die Hauptsache muß aber in etwas anderem bestehen, nämlich in der Erörterung der für den Aufbau und Gang der Reichsverwaltung maßgebenden Grundsätze, also in der Darstellung derjenigen Punkte, über welche die Verfassung selbst nur sehr wenig Aufschluß gibt. Daß gerade diese großen Gesichtspunkte unter den Tisch gefallen sind, zeugt übrigens von einer großen Unklarheit über ihre ausschlaggebende Bedeutung; denn sonst kann man es der Reichsverfassung nicht nachsagen, daß sie mit der Aufstellung von weittragenden Grundsätzen besonders sparsam umgeht.

Vier Gedankenreihen sind es in erster Linie, die im modernen Staatsrecht für die Stellung der Verwaltung richtunggebend sind: die Gesetzmäßigkeit der Verwaltung, die Trennung der Justiz von der Verwaltung, das Ministerialsystem in der Verwaltung und die Zuständigkeitsabgrenzung zwischen Gesetzgebung und Vollziehung.

Unter dem Grundsatz der Gesetzmäßigkeit der Verwaltung versteht man zweierlei, einmal daß die Verwaltung an das Gesetz gebunden ist und dann, daß es keine Verwaltung ohne gesetzliche Grundlage gibt.

Die Bindung der Verwaltung an das Gesetz bedeutet zunächst, daß das Gesetz die unbedingte Schranke für die Verwaltung bildet. Sobald irgend ein Punkt durch Gesetz geregelt ist, muß sich die Verwaltung danach halten, kann sie nicht darüber hinaus. Man nennt das auch den „Vorrang des Gesetzes“. In diesem Sinne wirken auch die sog. Grundrechte, indem sie eine Grenze aufrichten, die für die Verwaltung unübersteigbar ist und nur durch die Gesetzgebung verschoben werden kann. Die Folge davon ist, daß es kein Abweichen weder zugunsten noch zu ungunsten des Einzelnen gibt, daß also die Staatsbürger gegenüber der Verwaltung gleichgestellt sind. Daß dies auch für das der Verwaltung gewährte Gebiet freier Betätigung, das sog. Ermessen gilt, daß auch bei diesem eine Differenzierung nur nach sachlichen, nicht nach persönlichen Gesichtspunkten eingeräumt ist, beruht auf einem besonderen Grundsatz, den wir später kennen lernen werden.

Die Lehre von der Unübersteigbarkeit der gesetzlichen Schranken darf aber nicht etwa dahin umgedeutet werden, wie das auch noch heute vielfach geschieht, daß das Gesetz für die Verwaltung überhaupt nur als Schranke in Betracht komme, während sie innerhalb der gesetzlichen Schranken frei sei. Vielmehr gilt der zweite Satz, der letzten Endes aus derselben Grundlage entspringt, daß es keine Verwaltung ohne gesetzliche Grundlage gibt. Die Verwaltung ist nicht berufen, Art und Ziele ihrer Tätigkeit selbst zu bestimmen, sie darf nur auf Grundlage der durch das Gesetz gegebenen Aufträge oder Ermächtigungen handeln. Gerade in einem Bundesstaat tritt dieses Verhältnis von vornherein klar zutage. Denn ohne solche Basis ließe sich gar nicht erkennen, wann die Bundes- und wann die Gliedstaatsverwaltung in Aktion zu treten hätte. Aber auch über den Rahmen der allgemeinen Zuständigkeitsabgrenzung hinaus bedarf es noch weiterer gesetzlicher Bestimmung über die Wirksamkeit der Behörden. Denn woran sollte man erkennen, ob die Tätigkeit eines Beamten eine amtliche oder eine private Tätigkeit ist? Doch nur daran, daß ein solenner Staatsakt, also das Gesetz, ihr die Eigenschaft einer amtlichen Tätigkeit beilegt, sie, wie man auch sagt, dem Staate zurechnet. Wenn Regierungsbeamte in einem öffentlichen Park reiten, ist das ihr Privatvergnügen, wenn Offiziere mit ihren Mannschaften reiten, ist dies Dienst. Warum? Weil jenen durch keinerlei Rechtsnorm solche Tätigkeit zugewiesen wird, während der Offizier in Befolgung seiner militärischen Dienstvorschriften handelt. Ein anderes Beispiel, in dem es sich um zwei verschiedene Arten amtlicher Tätigkeit mit verschiedener rechtlicher Wirkung handelt. Wenn der Professor im Hörsaal einen Rechtsfall erörtert, so übt er damit kraft seines Lehrauftrages eine Lehrtätigkeit aus, an die sich keine weitere als die immanente Unterrichtswirkung knüpft. Wird der gleiche Rechtsfall durch einen Richter im Gerichtssaal behandelt, so werden dadurch die Rechtswirkungen eines staatlichen Gerichtsurteils ausgelöst, weil das Gesetz diese Folge ausgesprochen hat.

Aus diesem Erfordernis gesetzlicher Grundlage für jede Verwaltungstätigkeit ergeben sich bedeutsame Folgerungen. Die Behörde ist niemals in der Lage, von sich aus dem Bürger, sei es im Einzelfall, sei es durch allgemeine Vorschrift, Rechtspflichten aufzuerlegen oder Rechte zu gewähren. Besonders nach der Pflichtenseite hin hat man diese Regel in die Form eines allgemeinen Verfassungsgrundsatzes gegossen: Eingriffe in Freiheit und Eigentum bedürfen gesetzlicher Basis. Man spricht hier auch von einem „Vorbehalt des Gesetzes". Diese besondere Formulierung ist aber nur dann notwendig, wenn man im übrigen dem Satz von der Freiheit der Verwaltung innerhalb der Schranken der Gesetze huldigt. Macht man sich das Erfordernis der gesetzlichen Grundlage für alle Verwaltungstätigkeit klar, dann bedarf es solcher besonderer Gedankenkrücken nicht. Näher besehen stammt diese mit der heutigen rechtsstaatlichen Grundauffassung nicht vereinbarliche Lehre aus der Epoche des Polizeistaats, in der die Verwaltung sich grundsätzlich frei bewegen konnte, soweit ihr nicht besondere Hindernisse in den Weg gestellt wurd.n. Auch die oben berührte Institution der Grundrechte ist der gleichen Wurzel entsprungen, auch diese Institution verfolgte den Zweck, Schranken gegen die ungehemmte Auswirkung der Verwaltungstätigkeit zu errichten.

Wenn eine gesetzliche Grundlage der Verwaltung gefordert wird, so ist damit aber nicht gesagt, daß hier besonders strenge

Anforderungen gestellt werden müssen. In vielen Fällen wird schon das Haushaltsgesetz eine genügende Basis gewähren, in anderen werden ganz allgemein gehaltene Ermächtigungen genügen. Andererseits muß auch dem freien Ermessen der Behörde eine gesetzliche Grundlage gegeben sein, weil es ja sonst an einer Vollmacht zum Handeln fehlen würde. Auch freies Ermessen hat die Behörde nicht, weil es kein Gesetz verbietet, sondern weil es ein Gesetz so gebietet.

Um nun die Einhaltung des Grundsatzes der Gesetzmäßigkeit der Verwaltung zu überwachen, bedarf es besonderer Schutzeinrichtungen, die schließlich bis zur Aufstellung von eigenen Gerichten über die Verwaltungstätigkeit, sog. Verwaltungsgerichten, ausgestaltet worden sind.

An der grundsätzlichen Bedeutung dieser Schutzeinrichtungen ist auch die Reichsverfassung nicht achtlos vorübergegangen. Art. 107 bestimmt in programmatischer Weise: „Im Reich und in den Ländern müssen nach Maßgabe der Gesetze Verwaltungsgerichte zum Schutze der einzelnen gegen Anordnungen und Verfügungen der Verwaltungsbehörden bestehen." Dieser Satz steht allerdings in dem Abschnitt über die Rechtspflege, und daraus erklärt sich wohl, warum er keinen Anlaß bot, zu dem grundlegenden Problem, der Gesetzmäßigkeit der Verwaltung, Stellung zu nehmen.

Darüber haben sich nämlich die Redaktoren der Verfassung den Kopf nicht weiter zerbrochen. Sie knüpften ohne besonderes Nachdenken an das überkommene Schema der Grundrechte an und bauten dieses in zum Teil freischöpferischer Weise, aber ohne schärfere Präzision und Überlegung, weiter aus. Näheres hierüber wird noch in anderem Zusammenhang zu sagen sein. Hier sei vorweg auf einige markante Sätze der Verfassung verwiesen: „Alle Deutschen sind vor dem Gesetze gleich" (109 I); damit wird eine Anweisung an die Vollzugsbehörden erteilt. „Alle Deutschen genießen Freizügigkeit im ganzen Reich . . . Einschränkungen bedürfen eines Reichsgesetzes" (111). „Jeder Deutsche ist berechtigt, nach außerdeutschen Ländern auszuwandern. Die Auswanderung kann nur durch Reichsgesetz beschränkt werden" (112). „Die Freiheit der Person ist unverletzlich. Eine Beeinträchtigung oder Entziehung der persönlichen Freiheit durch die öffentliche Gewalt ist nur auf Grund von Gesetzen zulässig" (114 I).

Auch der zweite große den Rechtsstaat beherrschende Gedanke der Trennung der Justiz von der Verwaltung ist in der Reichsverfassung nicht zum Ausdruck gekommen. Er will besagen, daß die Ausübung der Zivil- und Strafrechtspflege, in der das Gesetz um seiner selbst willen ohne jede Nebenabsicht zur Anwendung kommen soll, nicht in die Hand derselben Behörden zu legen ist, die damit betraut sind, zur Verwirklichung der Staatsinteressen tätig zu werden. Denn dort muß die Aufmerksamkeit der Organe rein auf die Gesetzmäßigkeit, hier auch auf die Zweckmäßigkeit gerichtet sein; die ganze geistige Einstellung ist also grundverschieden. Dem entspricht es dann auch weiter, daß bei der Rechtspflege der zuständige Beamte rein nach seinem eigenen Gewissen zu entscheiden hat, während in der Verwaltung die Anweisung der höheren Stellen zu befolgen ist. Die Rechtspflege muß also sachlich unabhängig, die Verwaltung sachlich abhängig sein. Die sachliche Unabhängigkeit der Rechtspflege wird aber am besten durch die persönliche Unabhängigkeit der Richter, die sachliche Abhängigkeit der Verwaltung durch die persönliche Abhängigkeit der Verwaltungsbeamten gesichert. Aus dieser ganzen Gedankenfolge, deren grundsätzliche Bedeutung von selbst einleuchtet, enthält die Reichsverfassung nur einen kleinen Ausschnitt. „Die Richter sind" — persönlich — „unabhängig und" — sachlich — „nur dem Gesetz unterworfen" (102). Die näheren Folgen für ihre Rechtsstellung werden dann in Art. 104 gezogen. Alles andere wird vorausgesetzt oder der Regelung durch die Landesverfassungen und durch Einzelgesetze überlassen.

Von dem verfassungsrechtlich und politisch außerordentlich wichtigen Ministerialsystem in der Verwaltung ist in der Reichsverfassung überhaupt nicht die Rede. Nach diesem System ist der ganze Verwaltungsapparat so organisiert, daß er restlos in eine Reihe von ministeriellen Spitzen ausläuft. Die Folge davon ist, daß keine Amtsstelle außerhalb der Ministerverantwortlichkeit steht. D. h. es wird die einheitliche Unterordnung der ganzen Verwaltung unter die Regierung, die der Volksvertretung Rechenschaft schuldet, erzielt. In der alten Reichsverfassung wurde das Ministerialsystem in der Verwaltung auf dem Umwege festgelegt, daß dem Kaiser die Überwachung der Ausführung der Reichsgesetze übertragen und er hierbei an die Gegenzeichnung des Reichskanzlers gebunden wurde. Die neue Verfassung überträgt dem Reichspräsidenten kein so allgemeines Mandat, sondern nur eine Reihe einzeln aufgezählter Befugnisse, unterläßt es aber auch, diese Lücke durch einen umfassenden Auftrag an die Reichsregierung auszufüllen. So kann die allgemeine, mehr theoretische Frage entstehen, ob der Reichspräsident Chef der Reichsverwaltung ist (vgl. Lukas, Die organisatorischen Grundgedanken der neuen Reichsverfassung) und daher der Reichsregierung Anweisungen erteilen kann, ferner die praktisch bedeutsame Frage, ob das Bureau des Reichspräsidenten von einem Mitglied der Reichsregierung, etwa dem Reichskanzler, ressortiert, oder ob es außerhalb des Ministerverantwortlichkeitssystems steht. Natürlich kann dieses Bureau eine selbständige Tätigkeit nach außen mangels jeder bezüglichen Zuständigkeit nicht entfalten. Aber für den Reichspräsidenten ist es nicht gleichgültig, ob er der alleinige Herr der ihm unmittelbar beigeordneten Beamten ist oder nicht, besonders dann nicht, wenn man für ihn, wie das oben geschehen ist, eine gewisse selbständige Sphäre in Anspruch nimmt. Weiters kann aber noch die Frage auftauchen, ob etwa noch andere Ämter dem Reichspräsidenten unmittelbar unterstellt werden können. Daß die in diesen Stellen bearbeiteten Verfügungen des Präsidenten dann gemäß Art. 50 der Gegenzeichnung bedürfen, ist eine ganz andere Frage.

Was endlich die Zuständigkeitsabgrenzung zwischen Gesetzgebung und Vollziehung betrifft, so fehlt es hier an jeder grundsätzlichen Bestimmung. An einer Reihe von einzelnen Stellen ist allerdings positiv ein Reichsgesetz gefordert, so z. B. für die Feststellung des Haushaltplans (85 II), die Beschaffung von Staatskredit (87), die Vergesellschaftung von Privatunternehmungen (156 I) usw. An andern Stellen ist aber nur ganz allgemein von Befugnissen des Reichs ohne Bestimmung des zuständigen Faktors die Rede, so z. B. bei der Zustimmung zu Staatsverträgen der Länder (78 II), bei der Übernahme der dem allgemeinen Verkehr dienenden Eisenbahnen (89), Wasserstraßen (97) und Seezeichen (101), bei der Einrichtung von öffentlichen Anstalten für die Bildung der Jugend (143 I), bei der Förderung des Volksbildungswesens (148 IV), bei der Fürsorge des Reichs für die geistige Arbeit (158 I) usw. Der früher vertretene Gesichtspunkt, daß die Verwaltung nur auf gesetzlicher Grundlage tätig werden kann, kommt hier nicht in Betracht, da diese Grundlage ja in der betreffenden Verfassungsbestimmung gefunden werden könnte. Ein allgemeiner Gesichtspunkt, wie ihn beispielsweise die bayerische Verfassungsurkunde in § 3 I und II festlegt, wonach die Vermutung für die Zuständigkeit des Landtages spricht, ist nirgends aufgestellt. Es ist daher in vielen Fällen fraglich, ob die Reichsgesetzgebung oder die Verwaltung zur Vornahme bestimmter Willensakte berufen ist. Dies gilt sowohl für einzelne Handlungen als auch für allgemeine Vorschriften. Für letztere allerdings sind einige Bestimmungen getroffen.

Die allgemeinen nicht durch die Gesetzgebung, sondern durch die Behörden erlassenen Vorschriften nennt man Verordnungen und teilt sie in Rechts- und Verwaltungsverordnungen, je nachdem sie grundsätzlich für die Staatsbürger geltende Rechtsnormen oder nur für die Behörden verbindliche Dienstanweisungen enthalten. Bezüglich der Rechtsverordnungen gilt schon nach dem Grundsatz der Gesetzmäßigkeit der Verwaltung die Regel, daß für sie eine gesetzliche Ermächtigung gegeben sein muß. Die Verfassung selbst erteilt eine solche Ermächtigung nur in ganz bestimmten Fällen, so z. B. zur Regelung der Grundsätze und Gebühren für die Benutzung der Post- und Telegrapheneinrichtungen (88 III), zur Regelung des Baus, Betriebs und Verkehrs der Eisenbahnen (91). Sonst bedarf es einer besonderen Ermächtigung in den einzelnen Gesetzen. In dieser ist auch auszusprechen, welches Organ, z. B. die Reichsregierung, ein einzelner Minister, der Reichsrat, die Landesregierung usw. zuständig ist. Erwähnt werden mag, daß nach 179 II das Verordnungsrecht des Staatenausschusses und damit auch seines Vorgängers, des Bundesrates, nicht auf den Reichsrat, sondern auf die Reichsregierung übertragen wurde.

Was die Verwaltungsverordnungen betrifft, so ist bei diesen die Rechtslage grundsätzlich anders. Es handelt sich hier um Anweisungen an untergeordnete Dienststellen, die dem System der Abhängigkeit der Verwaltungsorgane entsprechen und darum selbstverständlich sind. Es bedarf daher einer Ermächtigung nur insoweit, als die Zuständigkeit zur Anweisung von Stellen begründet werden soll, die an sich nicht der anweisenden Behörde untergeordnet sind. Darauf gründet sich die ausdrückliche Erteilung der Ermächtigung an die Reichsregierung zur Anweisung der Landesbehörden bei Ausführung der Reichsgesetze (15 II). Im übrigen ist nur zu bestimmen, welchen Stellen des Verwaltungsorganismus die Befugnis zur Erlassung von Verwaltungsverordnungen eingeräumt werden soll. Die Verfassung überträgt diese Befugnis der nach dem ganzen Aufbau der Reichsgewalt berufenen Reichsregierung, die, wenn die Landesbehörden bei der Ausführung der Reichsgesetze mitwirken, die Zustimmung des Reichsrats einzuholen hat (77).

Zu der ganzen Zuständigkeitsfrage ist schließlich noch zu bemerken, daß ihre praktische Bedeutung durch den Übergang zur parlamentarischen Regierungsform gegen früher einigermaßen vermindert ist, da ja die Kluft zwischen der Verwaltung und dem gesetzgebenden Körper durch das Ministerium überbrückt wird. Immerhin sind Konfliktsfälle nicht gänzlich ausgeschlossen.

War bisher von den obersten Grundsätzen der Verwaltung die Rede, die in der Reichsverfassung keine oder keine entsprechende Berücksichtigung finden, so ist nunmehr von den Einzelmaterien zu sprechen, die in der Verfassung näher behandelt werden. Um sich zunächst den Umfang der Reichsverwaltung vor Augen zu führen, muß man sich nochmals vergegenwärtigen, um welche Dienstzweige es sich handelt. Wie wir gesehen haben, hat die Verfassung die gesamte auswärtige Verwaltung, das Heerwesen, die wichtigsten Zweige des Verkehrswesens wie Post- und Telegraph, Eisenbahnen, Wasserstraßen, Seezeichen, dann die Zölle und Verbrauchssteuern. in die eigene Verwaltung des Reichs überführt. Dazu ist dann noch die ganze übrige Reichsabgabenverwaltung getreten, ja sogar die Erhebung von Landesabgaben durch Reichsbehörden vorgesehen worden. Art. 14 geht aber noch weit über diesen Rahmen hinaus, indem er dem Grundsatz der Ausführung der Reichsgesetze durch die Landesbehörden die einschränkende Bedingung beifügt: „soweit nicht die Reichsgesetze etwas anderes bestimmen". Danach kann also im Wege des einfachen Reichsgesetzes eine reichseigene Verwaltung auf weiteren noch nicht einbezogenen Gebieten errichtet werden. Allerdings ist die Tragweite dieses Satzes gelegentlich der Einführung der Reichsfinanzverwaltung im Wege eines einfachen Gesetzes (Reichsabgabenordnung) bestritten worden, vor allem angesichts der konkreten Vorschriften, die Art. 84 über die reichsgesetzlich zu regelnde Erhebung der Reichsabgaben durch die Länder aufstellt. Man hat für die Beseitigung dieser Vorschriften verfassungsänderndes Gesetz verlangt. Die genauere Prüfung dieser juristischen Frage liegt natürlich außerhalb des Kreises dieser Betrachtungen; die Praxis hat sich jedenfalls mit der Vollwirksamkeit der Art. 14 abgefunden.

Über diejenigen Dienstzweige, welche nach der Reichsverfassung Gegenstand der Reichsverwaltung sind, enthält der 6. Abschnitt des 1. Hauptteils eine Reihe von Einzelbestimmungen, auf die hiermit im allgemeinen verwiesen wird.

Betont werden soll, daß durch eine Fülle verschiedenartiger Einrichtungen für die Wahrung der Länderinteressen gesorgt wird. So bestimmt schon Art. 16, daß die mit der unmittelbaren Reichsverwaltung betrauten Beamten in der Regel Landesangehörige sein sollen und sichert gleichzeitig den einzelnen Funktionären tunlichst Verwendung in ihren Heimatgebieten zu. Ferner soll bei den auswärtigen Vertretungen durch entsprechende Einrichtungen auf die Geltendmachung der wirtschaftlichen und Nachbarinteressen der einzelnen Länder Rücksicht genommen (78 IV), im Heerwesen den landsmannschaftlichen Eigenarten Rechnung getragen (79), bei der Reichsabgabenverwaltung die Wahrung der besonderen wirtschaftlichen Landesinteressen ermöglicht werden (83), desgleichen im Wasserstraßenwesen (97 III). Endlich ist dem Reichsrat in den verschiedenen Zweigen der Verkehrsverwaltung ein gewisses Mitwirkungsrecht gesichert (88 III u. IV, 91, 93, 98). Auf der Kehrseite sind aber auch die Landesbehörden, soweit sie an der Durchführung der Reichsaufgaben mitwirken, in mannigfacher Weise gebunden, so durch das Aufsichtsrecht der Reichsregierung (15 I), das zur Erlassung allgemeiner Anweisungen (15 II und 77) sowie zur Entsendung von Überwachungsorganen ermächtigt (15 II). Meinungsverschiedenheiten über Mängel bei der Ausführung der Reichsgesetze können im Wege des Staatsgerichtshofs ausgetragen werden (15 III).

Erwähnenswert sind noch die Verfassungsbestimmungen über die Führung des Reichshaushalts (85—87). Auch auf diesem Gebiet ist ein gewisser Einfluß der Gliedstaaten vorgesehen. Art. 85 IV versagt nämlich dem Reichstag das Recht, im Entwurf des Haushaltsplanes Ausgaben zu erhöhen oder neu einzusetzen, falls der Reichsrat nicht zustimmt. Allerdings kann diese Zustimmung in derselben Weise ersetzt werden, in der bei Gesetzen der Einspruch des Reichsrates überwunden wird (85 V).

Mit all dem ist aber das Gebiet der Reichsverwaltung noch nicht erschöpft. Wie bereits erwähnt, ist im zweiten

Hauptteil der Verfassung über die Grundrechte und Grundpflichten eine umfassende Tätigkeit des Reichs auf dem ganzen Gebiet des persönlichen, wirtschaftlichen und sozialen Lebens vorgesehen, die zwar vorwiegend die Gesetzgebung betrifft, aber auch in wichtigen Punkten in die Verwaltung übergreift. Bei der großzügigen Fassung der meisten Bestimmungen dieses Abschnittes bleibt es allerdings vielfach im Unklaren, wieweit eine Tätigkeit des Reichs oder der Einzelstaaten ins Auge gefaßt ist, da häufig nur ganz allgemein von „Staat" gesprochen wird. In einigen Belangen ist aber ausdrücklich der Mitwirkung des Reichs gedacht, so bei Einrichtung der öffentlichen Schulen (143 I), beim Volksbildungswesen (148 IV), bei Fürsorge und Schutz für die geistige Arbeit usw. (158 I). Sehr wichtig ist die Betätigung des Reichs auf den beiden Gebieten der Sozialisierung und Sozialversicherung. Auf dem ersteren hat das Reich nicht nur die Befugnis, im Wege der Gesetzgebung private Unternehmungen in Gemeineigentum überzuführen, es ist auch berufen sich selbst an der Verwaltung zu beteiligen oder sich daran in anderer Weise einen bestimmenden Einfluß zu sichern (156 I). Überdies ist es Sache des Reichs, durch Schaffung einer hierarchisch ausgebauten wirtschaftlichen Räteorganisation auf dem Gesamtgebiet der Produktion eine eigene gemeinwirtschaftliche Verwaltung zu errichten (165). Über beide Gegenstände ist noch später Näheres zu sagen. Was die Sozialversicherung betrifft, so verweist Art. 161 auf die bereits bestehende für die ganze Welt vorbildliche Reichsversicherung, deren weiterer Ausbau in Aussicht gestellt wird.

IX. Die Rechtspflege.

Während der Abschnitt über die Reichsgesetzgebung deren Form, der Abschnitt über die Reichsverwaltung gewisse Punkte ihrer Zuständigkeit und materiellen Führung, regelt der Abschnitt über die Rechtspflege eine Reihe ihrer beherrschenden Grundgedanken.

Art. 102, dessen Wortlaut hier nochmals wiederholt werden soll, enthält den maßgebenden Satz von der persönlichen und sachlichen Unabhängigkeit der Gerichte. „Die Richter sind unabhängig und nur dem Gesetz unterworfen". Die Folgerungen in persönlicher Hinsicht werden in Art. 104 gezogen: Ernennung auf Lebenszeit, Enthebung, Versetzung und Pensionierung nur kraft richterlicher Entscheidung aus gesetzlich festgelegten Gründen und unter gesetzlich geregelten Formen, soweit nicht Altersgrenzen normiert werden, Ausnahmen nur bei Veränderungen der Gerichtsorganisation. Art. 105 spricht die Unzulässigkeit von Ausnahmsgerichten aus, läßt aber Kriegs- und Standgerichte unberührt und erklärt dadurch, daß sie als Sonder-, nicht als Ausnahmsgerichte zu betrachten sind. Unter einem werden die bestehenden gesetzlichen Bestimmungen hierüber aufrechterhalten, so daß dadurch die Legalität der besonderen bayerischen Standrechte (Standgerichte) und Volksgerichte außer Frage gestellt wird. In der gleichen Richtung, wie das Verbot der Ausnahmsgerichte, liegt der Satz, daß niemand seinem gesetzlichen Richter entzogen werden darf. Art. 106 räumt für die Zukunft mit den militärischen Sondergerichten, abgesehen von Kriegszeiten und an Bord der Kriegsschiffe, auf. Die militärischen Ehrengerichte werden durch Art. 105 sofort beseitigt.

Im übrigen ist auf dem Gebiet der ordentlichen (Zivil- und Straf-) Gerichtsbarkeit nur noch die Zuständigkeit zwischen Reich und Ländern geregelt. Art. 103 beschränkt die Gerichtsbarkeit des Reichs auf die oberste Instanz und stellt das Reichsgericht unter die Gewähr der Reichsverfassung. Alle übrigen ordentlichen Gerichte bleiben den Ländern vorbehalten.

Damit sind also eine Reihe wichtiger Grundsätze für die Zivil- und Strafrechtspflege ausgesprochen. Gleichwohl kann man diese Verfassungsbestimmungen nicht für erschöpfend erklär.n. Über die leitenden Gesichtspunkte des gerichtlichen Verfahrens, z. B. Öffentlichkeit, Mündlichkeit, Anklageprozeß, Legalitätsprinzip, Zuständigkeit der Schwurgerichte

u. dgl., die sonst in den Verfassungen eine passende Stätte finden, ist merkwürdigerweise nichts gesagt. Einzelne hierher gehörige Vorschriften finden sich dann noch an ganz anderen Stellen, so der Satz des Art. 116: „Eine Handlung kann nur dann mit Strafe belegt werden, wenn die Strafbarkeit gesetzlich bestimmt war, bevor die Handlung begangen wurde," ferner Art. 112 III: „Kein Deutscher darf einer ausländischen Regierung zur Verfolgung oder Bestrafung überliefert werden." Über die Bedeutung beider grundlegenden Sätze braucht angesichts der Bestimmungen des Friedensvertrags kein Wort verloren zu werden.

Der Abschnitt über die Rechtspflege greift dann noch einzelnes aus dem Gebiet der öffentlichrechtlichen Gerichtsbarkeit heraus. Der bereits besprochene Art. 107 (vgl. den Wortlaut S. 108) macht die Einrichtung von Verwaltungsgerichten im Reich und in den Ländern obligatorisch. Über Zuständigkeit, Aufbau und Verfahren wird dagegen nichts gesagt, vielmehr alles der Einzelgesetzgebung überlassen. Insbesondere ist nicht festgelegt, ob etwa die Reichsverwaltungsgerichte auch zur Entscheidung über Landesverwaltungsrecht oder umgekehrt Landesverwaltungsgerichte zur Entscheidung über Reichsverwaltungsrecht — wie bisher — berufen sein sollen. Ferner wird nicht ausgesprochen, ob die Reichsverwaltungsgerichtsbarkeit instanzmäßig aufgebaut oder wie bei der ordentlichen Gerichtsbarkeit auf eine oberste Instanz beschränkt sein soll, ob nur allgemeine oder Spezialverwaltungsgerichte ins Auge gefaßt sind usw. Art. 31 II spricht allerdings von „dem" Reichsverwaltungsgericht. Tatsächlich bestehen seit langher verschiedene Reichsspezialverwaltungsgerichte, so das Bundesamt für Heimatwesen in Armensachen, das Patentamt, das Reichsversicherungsamt u. dgl. In neuerer Zeit ist zur Entscheidung über Reichsabgabenstreitigkeiten der Reichsfinanzhof errichtet worden, für den durch das Gesetz über die Reichsfinanzverwaltung vom 10. November 1919 — jetzt in die Reichsabgabenordnung übernommen — in den Ausschüssen bei den Finanzämtern und in den Finanzgerichten bei den Landesfinanzämtern ein instanzmäßig abgestufter Unterbau geschaffen wurde.

Weiter erwähnt Art. 31 das Wahlprüfungsgericht beim Reichstag, das aus Mitgliedern des Reichstags und des Reichsverwaltungsgerichts, bis zu dessen Aufstellung des Reichsgerichts (166) bestehen soll. Art. 13 bestimmt allgemein, daß ein oberster Gerichtshof des Reiches, welcher ist nicht festgelegt, nach näherer Vorschrift eines Reichsgesetzes, Zweifel oder Meinungsverschiedenheiten darüber, ob eine landesrechtliche Vorschrift mit dem Reichsrecht vereinbar ist, zu entscheiden hat.

Die Krönung des verfassungsrechtlichen Schutzes soll durch einen Staatsgerichtshof geschaffen werden, für den Art. 108 ein besonderes Reichsgesetz verheißt. Wichtige Stücke seiner Zuständigkeit sind bereits an verschiedenen Stellen der Reichsverfassung festgelegt, so in Art. 15 die Entscheidung von Meinungsverschiedenheiten über Mängel bei Ausführung der Reichsgesetze durch die Landesbehörden, sofern nicht durch Reichsgesetz ein anderes Gericht bestimmt wird, in Art. 18 VII Streitigkeiten über die Vermögensauseinandersetzung bei Abtrennung oder Vereinigung von Gebietsteilen, in Art. 19 Verfassungsstreitigkeiten innerhalb eines Landes, in dem kein Gericht zu ihrer Erledigung besteht — in Bayern ist hierfür nach § 70 I der Verfassungsurkunde der bayerische Staatsgerichtshof bestimmt — ferner Streitigkeiten öffentlichrechtlicher Natur zwischen verschiedenen Ländern oder dem Reich und einem Lande, soweit nicht ein anderer Gerichtshof des Reiches zuständig ist, in Art. 59 das Urteil über die Anklage des Reichstags gegen den Reichspräsidenten oder ein Mitglied der Reichsregierung wegen schuldhafter Verletzung der Reichsverfassung oder eines Reichsgesetzes, in Art. 90 die Entscheidung von Streitigkeiten über die Enteignungsbefugnis des Reichs und die staatlichen Hoheitsrechte der Länder nach Verreichlichung der Eisenbahnen, in Art. 170 und 171 die Feststellung der Bedingungen für die Übernahme des Post- und Telegraphenwesens von Bayern und Württemberg, ferner der Staatseisenbahnen, Wasserstraßen und Seezeichen, wenn nicht rechtzeitig eine Verständigung erfolgt. Weitere Zuständigkeiten werden dann wohl noch in dem besonderen Gesetz normiert werden. Einstweilen bis zur Aufstellung des Staatsgerichtshofs übt nach Art. 172 ein Senat aus 4 vom Reichstag und 3 vom Reichsgericht aus ihrer Mitte gewählten Mitgliedern seine Befugnisse aus.

X. Grundrechte und Grundpflichten der Deutschen.

In 60 Paragraphen hat die Reichsverfassung von 1849 die Grundrechte des deutschen Volkes in einer zum Teil klassisch gewordenen Form und Sprache festgelegt. Dieser VI. Abschnitt des Frankfurter Verfassungswerkes wäre bestimmt gewesen, das goldene Rechtsbuch der Deutschen zu werden. Mit dem Scheitern der Reichsverfassung an der Tatsache, daß die Vertreter des deutschen Volkes nicht genügend Rücksicht auf die reale Macht der deutschen Fürsten genommen, wurde auch die einheitliche Festlegung dieser Grundrechte vereitelt. Aber die geleistete Gedankenarbeit war doch nicht umsonst, sie wurde teilweise in die Einzelverfassungen der deutschen Staaten übernommen, allerdings je nachdem in einer Auswahl und Abwandlung, die den herrschenden politischen Anschauungen der einzelnen Regierungen und Volksvertretungen entsprach.

Die Reichsverfassung von 1871, der Niederschlag eines Bundes der deutschen Fürsten, schuf eine kraftvolle Organisation der Staatsgewalt des Reichs unter fein abgewogener Berücksichtigung des Einflusses der einzelnen Staaten, aber ohne genügenden Bedacht auf die rechtliche Stellung der einzelnen Bürger, deren Regelung weiterhin dem Landesrecht überlassen blieb und darum eine Musterkarte der Abschattierung vom freien Staatsbürgertum einiger süddeutscher Staaten bis zur Aufrechterhaltung des ständischen Staatsrechts in beiden Mecklenburg bot.

Die Reichsverfassung von 1919, die auf den Trümmern der deutschen Fürstenmacht entstand, war selbstverständlich vor die Aufgabe gestellt, den Reichsbau auch nach der Seite der Volksrechte, der Demokratie, restlos durchzubilden. Schon dadurch war für sie von vornherein ein stark unitarischer Zug festgelegt.

Der Anknüpfungspunkt war gegeben. Die Arbeit mußte dort aufgenommen werden, wo 70 Jahre früher das Werk von 1849 abgebrochen worden. Die zweite deutsche Revolution war in dieser Beziehung der Erbe der ersten.

Aber seither waren mehr als zwei Generationen ins Land gegangen. Nicht mehr waren die gleichen politischen Anschauungen herrschend, eine gründliche Änderung der wirtschaftlichen Verhältnisse war eingetreten, die gesellschaftliche Entwicklung hatte ihren Fortgang genommen. Vor allem hatte eine ganz andere Signatur der geistigen Grundstimmung platzgegriffen. Damals war ein jugendlicher Idealismus, getragen von dem Glauben an die erlösende Kraft des politischen und wirtschaftlichen Liberalismus Gemeingut aller Gebildeten, die Kraft des deutschen Volkes war durch die geschlossene Phalanx des aufstrebenden deutschen Bürgertums verkörpert, in hoffnungsfreudiger Arbeit machte man sich an die Schaffung der deutschen Einheit.

Dem gegenüber stand 1919 der furchtbare äußere und innere Zusammenbruch des ganzen deutschen Volkes, das zu früh und im ungünstigsten Zeitpunkt den Versuch, sich zur Weltgeltung durchzuringen, gewagt und für diese Voreiligkeit allzuhart gestraft worden war. An Stelle des mächtigen Auftriebes und frohen Glaubens an die Zukunft des Vaterlandes war stumpfe Resignation, an Stelle des einigenden Bandes gemeinsamer politischer Überzeugungen ein unverbundenes Nebeneinander widerstrebender Weltanschauungen, an Stelle der sozialen Geschlossenheit der schärfste Gegensatz der gesellschaftlichen Klassen, an Stelle klarer wirtschaftspolitischer Aufgaben eine völlige Unklarheit über die Zukunft der ökonomischen Gestaltung getreten.

Von vornherein ist es sonach gegeben, daß auf diesen chaotischen Grundlagen eine von großen Zügen beherrschte Neuregelung der staatsbürgerlichen Rechtsordnung unmöglich entstehen konnte. Unter solchen Umständen muß es vielmehr wundernehmen, daß überhaupt ein wenn auch im einzelnen noch so stilwidriger Neubau wirklich gelang. Man muß dieses Ergebnis jedenfalls als ein untrügliches Zeichen der unzerstörbaren Lebenskraft des deutschen Volkes, als ein sichtbares Dokument der Lebensbejahung betrachten. Das müssen wir uns bei aller gebotenen Kritik vor Augen halten.

Etwas muß betont werden. Wie an dem organisatorischen ersten Hauptteil der Reichsverfassung alle Parteien ohne Unterschied positive Mitarbeit geleistet hatten, so beteiligten sie sich auch an der Formulierung der staatsbürgerlichen Rechtsstellung im zweiten Hauptteil. Während aber dort die technische Notwendigkeit eines ineinander greifenden Räderwerkes, damit die Reichsmaschine überhaupt laufen kann, die gegensätzlichen Bestrebungen nur in einzelnen Konstruktionsteilen, wenn auch nicht zum Vorteil des Ganzen, zur Ausprägung kommen ließ, ergab hier das Fehlen eines solchen äußeren Zwanges die Möglichkeit, den widerspruchsvollsten Anschauungen nebeneinander Raum zu gewähren, wenn nur durch eine äußerliche Gedankenverbindung den Bedürfnissen der formalen Logik Rechnung getragen schien. So hielt man sich an das erprobte Rezept, „wer vieles bringt, wird jedem etwas bringen“, und handelte in fünf Abschnitten einen umfangreichen Stoff ab, den man durch Erweiterung der 13 Paragraphen der Regierungvorlage auf 57 zustande gebracht.

Schon die äußere Gliederung zeigt deutlich das Streben nach Betonung der Mannigfaltigkeit des Inhalts. Vielversprechende Überschriften wurden ausgewählt: „Die Einzelperson“, „Das Gemeinschaftsleben“, „Religion und Religionsgesellschaften“, „Bildung und Schule“, „Das Wirtschaftsleben“. Man sieht ordentlich, wie den Lieblingsideen jeder der großen politischen Parteien Rechnung getragen wird, dem liberalen Individualismus, den Konservativen, den kirchlich Gesinnten, der ökonomischen Weltanschauung des Marxismus. Ebenso zeigen schon diese Überschriften, daß kein geschlossenes Gedankensystem vorliegt. Die Rechtsstellung der Einzelperson ist nicht denkbar losgelöst vom Gemeinschaftsleben, dieses wieder bildet keinen Gegensatz zu Religion, Bildung und Schule, das Wirtschaftsleben ist mit dem Leben der Gemeinschaft aufs Engste verknüpft. Demgemäß ist die Verteilung des Stoffes vielfach vollkommen willkürlich.

Das ist natürlich vom Standpunkt der praktischen Rechtsgestaltung aus ziemlich nebensächlich. Dagegen ergibt sich eine andere Gefahr. Um die einzelnen Kapitel gleichwertig auszugestalten, entstand die Versuchung, alle möglichen Grundsätze hereinzuziehen. Grundsätze aber sind in einer Rechtsordnung aus mehrfachen Gründen bedenklich. Einmal sind häufig die Folgen nicht recht überdacht. Denn erst an der Ausgestaltung im einzelnen erkennt man die Konsequenzen. So hat man oft etwas festgelegt, dessen Tragweite man nicht kennt. Dem Gesetzgeber wird dann später ein Wechsel präsentiert, den er gar nicht ausstellen wollte. Ein zweites Moment. Die Einigung über mehr oder weniger farblose Formulierungen ist oft noch keine Einigung in der Sache. Die Gegensätze werden verdunkelt, nicht ausgetragen. Der Entscheidungskampf wird aufgeschoben, nicht aufgehoben. Damit wird aber der Wert der Aufnahme in die Verfassung, die ja eine feste Grundlage für die praktische Einzelgestaltung geben soll, problematisch. Endlich die juristisch-technische Seite. Häufig ist es durchaus unklar, was denn der eigentliche Rechtsinhalt einer Bestimmung ist. Um nur das Wichtigste herauszuheben: Sollte positives, praktisches Recht geschaffen werden, so daß alle geltenden Gesetze, die mit der aufgestellten Regel im Widerspruch stehen, damit aufgehoben werden? Dann werden oft Lücken in die geschlossene Rechtsordnung gerissen, die sofortige Ausfüllung verlangen. Oder sollten nur Programmpunkte, Leitsätze festgelegt werden ohne unmittelbar praktische

Geltung, so daß erst die Ausführungsgesetzgebung einzusetzen hat? Theorie und Praxis stoßen auf die größten Schwierigkeiten. Die Auslegungsarbeit beginnt, jene juristische Kleinkunst, die oft der Alchemie gleicht, indem sie Ergebnisse zutage fördert, an die niemand gedacht hat. Belege hierfür haben wir schon kennen gelernt, andere werden wir noch gelegentlich streifen.

Woher stammt nun der in diesem Abschnitt verarbeitete Stoff? Aus den verschiedensten Quellen, er wurde überall hergeholt, wo etwas passendes zu finden war. Oft wurden mehr oder weniger gute, nicht selten weniger gute Einfälle einzelner Redaktoren verwendet.

Zunächst einmal wirkte das große Vorbild der Frankfurter Verfassung. An Paragraphenzahl war es ungefähr gleich, dort wie erwähnt 60 Paragraphen, hier sogar etwas weniger, nämlich 57. Aber in der 49 er Verfassung waren viele Grundsätze in diesen Zusammenhang gestellt, die in der heutigen Verfassung an anderer Stelle aufgenommen sind, so z. B. die Grundsätze über die Rechtspflege, über die Verfassung der Gliedstaaten und Gemeinden. Andererseits ist manches heute überholt, weil es bereits durchgeführt ist, so die Aufhebung der Hörigkeit und die Bindung des Grund und Bodens. Was aber in der Frankfurter Verfassung noch halbwegs brauchbar war, wurde redlich verwertet, häufig mit unveränderter Übernahme der zum Teil sprichwörtlich gewordenen Fassungen, auch dann, wenn es heute mit Rücksicht auf die Durchsetzung der Idee des Rechtsstaates vollkommen überflüssig geworden ist.

Einen weiteren Bestandteil bildet die Aufnahme neuerer sozialpolitischer, zum Teil sogar sozialistischer Ideen, die letzteren allerdings etwas gezügelt und gebändigt. Ganz im Gegensatz dazu steht die Einreihung von Institutionen und Rechtssätzen, welche die bestehende Rechts- und Gesellschaftsordnung markant zum Ausdruck bringen, darunter vor allem auch solcher, die die Stellung der Kirche sichern und verbessern. Dies geschah zu dem bewußten Zweck, für alle diese Einrichtungen den Schutz der Verfassung mit ihrer erschwerten Abänderung zu erreichen. Schließlich ist eine Reihe von Grundsätzen der verschiedensten Art aus der positiven Gesetzgebung übernommen worden, weil sie sich in den Zusammenhang gut einfügen ließen und zugleich eine Bereicherung des Inhalts versprachen. Sachlich wurde damit nichts geändert, nur formell wurden diese Sätze zum Rang verfassungsmäßig gesicherter Regeln erhoben.

Bei alledem ist noch ein Gesichtspunkt zu beachten: Durch die Feststellung gewisser Regeln in der Reichsverfassung wurde nicht nur die gewöhnliche Gesetzgebung des Reichs, sondern auch die Rechtsgestaltung in den Ländern gebunden. Bei näherer Prüfung ergibt sich als Zweck der Aufnahme eines Rechtssatzes in den Rahmen des zweiten Hauptteils häufig einfach der, einseitig zusammengesetzte Landesvertretungen an der rücksichtslosen Durchführung ihrer parteipolitischen Programme zu hindern.

Schließlich ist noch zu erwähnen, daß die Verfasser sich sehr viel darauf zugute tun, nicht nur ein System der Grundrechte, sondern zum ersten Mal in der Verfassungsgeschichte auch ein System der Grundpflichten geschaffen zu haben. Darin soll der deutsche Gedanke, daß Pflicht vor Recht geht oder mindestens Pflicht neben Recht steht, einen solennen Ausdruck gefunden haben. Allerdings erfaßt dieser deutsche Gedanke nicht so sehr die Pflicht als etwas äußerliches, erzwungenes, sondern als etwas tief innerliches, auf den besten Kräften der Menschenseele beruhendes. Darin liegt die Schwäche des ganzen Gedankens. Denn es kommt hierbei eben nicht auf Rechtspflichten, sondern auf sittliche Pflichten an. Tatsächlich sind auch zumeist die in der Reichsverfassung besonders betonten Pflichten gar keine Rechts-, sondern sittliche Pflichten. Dann gehören sie aber nicht in ein System von Rechtsnormen, sondern höchstens in ein System der Staatsbürgerkunde. Wenn man gerade die Eignung des zweiten Hauptteils der Reichsverfassung als Grundlage für eine solche volkserzieherische Bürgerkunde gelegentlich besonders preist und darum auch gemäß Art. 148 III jedem Schüler bei Beendigung der Schulpflicht einen Abdruck der Verfassung in die Hand gibt, so ist damit nicht, wie beabsichtigt, ein Lob, sondern eine Kritik der Reichsverfassung ausgesprochen.

Nach dieser allgemeinen Charakteristik kann es nicht verwundern, daß die Aufnahme gerade des zweiten Hauptstückes nicht die von den eifrigsten Redaktoren erwartete gewesen ist. Wer es allen recht machen will, macht es niemand recht. Jeder sieht in erster Linie das, was ihm nicht paßt, und läuft dagegen Sturm; das, was ihm paßt, nimmt er als selbstverständlich, als ungenügende Abschlagszahlung hin. Dazu kommt noch eines. Oben wurde die Mitarbeit aller Parteien hervorgehoben. Einerseits ließ das Gefühl der Gefahr für das Vaterland das Trennende zurücktreten. Dann aber machte sich auch eine gewisse Ermattung nach dem furchtbaren Erleben des Kriegs und des Zusammenbruchs geltend; auch diese schwächt die Kampfeslust, fördert die Versöhnlichkeit. Nun ist das Ärgste vorüber, das Schlimmste verhütet, man hat begonnen aufzuatmen, der Druck ist gewichen, das Selbstbewußtsein hebt sich wieder, das Kraftgefühl und damit die Kampflust. In der heutigen politischen Gemütsverfassung wäre nicht so — beinahe einträchtig, wie es mitunter besonders in der stilleren Atmosphäre des Verfassungsausschusses herging — an der Reichsverfassung gearbeitet worden. Vielfach wird diese Verschärfung der innerpolitischen Spannung beklagt, als ein ungesundes Zeichen der Krankheit unseres Volkes angesehen. Ist es nicht richtiger, diese Erscheinung als ein Zeichen des wieder erwachenden Lebens zu werten, als Erholung von dumpfer Ermattung? Im politischen Leben ist Kampf und Krieg etwas natürliches sowohl zwischen den Völkern, als innerhalb eines Volkes. Letzteres ist nur dann bedenklich, wenn es über den Rahmen hinausspringt, das Gemeinschaftsgefühl der Nation sprengt, über die Erkenntnis hinweggeht, daß mir das letzte, nach seinen Anschauungen entfernteste Glied meines Volkes politisch näher stehen muß als jeder Angehörige einer fremden Nation.

XI. Die Einzelperson und das Gemeinschaftsleben.

Einzelwesen und Gesellschaft sind die zwei Pole, zwischen denen sich das menschliche Leben abspielt. Zunächst soll die eine Seite, die Stellung des Einzelnen in der Gemeinschaft, ins Auge gefaßt werden. Es ist eine grundlegende, weittragende Errungenschaft der Aufklärungsphilosophie, daß sie den Wert der Persönlichkeit als solcher anerkannt hat. Um sich zu betätigen, auszuleben, bedarf es eines gewissen Maßes von Bewegungsfreiheit, der Anerkennung eines ureigensten Bereiches, in dem der Einzelne seine persönlichen Kräfte entfalten kann, in den Fremde nicht störend eingreifen dürfen, von dem sich die im Staat verkörperte Gesellschaft fernhalten muß. Als diese Forderung entstand, trat sie sofort in Gegensatz zu einer Staatsauffassung, die den Einzelnen sich restlos unterwarf, ihm keinerlei Eigenberechtigung gegenüber der öffentlichen Gewalt zuerkannte. Naturgemäß erhob sich das Verlangen nach einem Gegengewicht gegen die staatliche Allgewalt, nach einer rechtlich gesicherten staatsfreien Sphäre, nach selbständigen Gegenrechten des Individuums gegenüber dem Rechte des Staates. Das war die Idee der Freiheitsrechte, deren Unantastbarkeit durch ihre feierliche Anerkennung in den Verfassungen als Grundrechte gesichert werden soll. Daß man sich nicht begnügte, einfach den großen Grundsatz der persönlichen Freiheit auszusprechen, sondern ihn in eine Vielheit von nach den verschiedenen Richtungen staatlicher Eingriffsmöglichkeit zergliederten Einzelrechten auflöste, erklärt sich aus der Abwehrposition, der Verteidigungsstellung, für die möglichst große Sicherheitskoeffizienten geschaffen werden sollten.

Der große Zug der Rechtsentwicklung ging nun dahin, das negative Prinzip der Eindämmung des Bereiches der Staatsgewalt durch eine Reihe dagegen aufgerichteter Einzelrechte in das positive Erfordernis der rechtlichen Fundamentierung jedes staatlichen Eingriffs in den Bereich des Individiums umzuformen. Gegenüber dem Polizeistaat, vor dem sich der Einzelne nur durch den Beweis eines besonderen befreienden Rechtstitels schützen konnte, verlangt der Rechtsstaat in einer Art von Umkehrung der Beweislast, daß die öffentliche Gewalt ihre Berechtigung zu Eingriffen in das Einzelleben darzulegen hat. Es ist das der Gedanke der Gesetzmäßigkeit der Verwaltung, von dem früher eingehend die Rede war und der in seiner vollen Schärfe zur Ablehnung des heute noch immer vertretenen Grundsatzes der Freiheit der Verwaltung innerhalb der Schranken des Gesetzes führen muß. So wurde das subjektive System der Grundrechte durch das objektive System des Rechtsstaats überwunden. Gleichwohl hat sich der Gedanke mit der Zähigkeit einer schönen, einmal lieb gewordenen Idee noch bis heute erhalten. Auch theoretisch wurde der Versuch gemacht, ihn mit neuem Inhalt zu erfüllen. Man sagt: die subjektiven Freiheitsrechte sind gewiß keine Schranke gegen die allgewaltige objektive Rechtsordnung, auch ihre verfassungsmäßige Festlegung bedeutet durchaus nicht, daß die nähere Bestimmung ihres Maßes nur durch Verfassungsgesetz erfolgen kann; vielmehr wird im Gegenteil hierfür stets die Zuständigkeit der gewöhnlichen Gesetzgebung angenommen. Aber sie bilden doch eine Schranke für die Tätigkeit der Verwaltung. Dabei wird vollkommen übersehen, daß die Verwaltung gar nicht in der Lage ist, ohne gesetzliche Vollmacht zu handeln, insbesondere nicht in den Bereich der einzelnen einzugreifen.

Der Gedanke der rechtlichen Gegenüberstellung des einzelnen gegenüber dem Staat, seiner isolierten Betrachtung, birgt noch eine weitere große Idee in sich. In dieser Isoliertheit stehen die Menschen klein und schwach, einer neben dem andern, der übermächtigen Herrschaft des Staates gegenüber, die Unterschiede in ihrer rechtlichen Stellung treten ganz zurück, der Gedanke der rechtlichen Gleichheit aller bricht sich Bahn. So ist der Grundsatz der Freiheit und der Gleichheit von vornherein ein eng verbundenes Zwillingspaar.

Doch Zwillinge haben nicht immer das gleiche Schicksal. Während der Gedanke der rechtlichen Freiheit durch die technische Objektivierung im Rechtsstaat überwunden wurde, ist die rechtliche Gleichheit nicht zu einer inhärenten Eigenschaft der Rechtsordnung geworden. Daß das Gesetz selbst gleiches mit ungleichem Maß messen kann, ist in seiner Allgewalt begründet, dagegen gibt es keine automatisch wirkende Garantie. Aber auch die Durchführung der Gesetze durch Verwaltung und Gericht ist nicht von selbst unbedingt an ein gleichmäßiges Vorgehen gebunden, soweit das Gesetz nicht eine strikte Marschroute vorschreibt, die individuelle Abweichungen ausschließt. Überall wo ein Bewegungsspielraum gegeben ist, wie bei der Beweiswürdigung, dem Ermessen, der Zweckgestaltung usw., besteht an sich die rechtliche Möglichkeit ungleicher Behandlung. Daher hat der verfassungsmäßige Grundsatz der Gleichheit vor allem gegenüber der Vollziehung, aber auch gegenüber der Gesetzgebung seine volle rechtliche Tragweite behalten.

Nach dieser Klarstellung der heutigen grundsätzlichen Rechtslage soll nun betrachtet werden, was uns die Reichsverfassung bringt.

Art. 109 stellt den Grundsatz der Gleichheit an die Spitze. Absatz I lautet: „Alle Deutschen sind vor dem Gesetze gleich". Damit ist ein Doppeltes gemeint, einmal die Anweisung an die Gesetzgebung, alle persönlichen Unterschiede unter den Staatsbürgern beiseite zu lassen, und dann der Auftrag an die Behörden, alle mit gleichem Maße zu messen. Gerade in der zweiten Richtung liegt die eigentliche praktische Bedeutung des Satzes.

Daß die aufgestellte Norm aber nicht so rückhaltlos gemeint ist, als gesagt, zeigt Absatz II; denn sonst wäre er gar nicht nötig. Er lautet: „Männer und Frauen haben grundsätzlich dieselben staatsbürgerlichen Rechte und Pflichten". Hier ergeben sich sofort Fragen über den Sinn zweier Ausdrücke. Was soll das „grundsätzlich" bedeuten? Soll dadurch nur die allgemeine Geltung der Regel unterstrichen und damit bestärkt oder umgekehrt durch den mittelbaren Hinweis auf Ausnahmen ihre Tragweite abgeschwächt werden? Oder soll damit ausgedrückt sein, daß es sich nur um einen Programmsatz handelt, der näherer Ausführung bedarf, etwa in dem Sinne, daß überall dort, wo nicht besondere sachliche Unterschiede gegeben sind, jede in dem bestehenden Recht gegebene Differenzierung aufgehoben werden soll? Weiter, was ist unter staatsbürgerlich gemeint? Heißt das soviel wie politisch oder sind alle Rechte und Pflichten verstanden, für welche die Staatsbürgereigenschaft vorausgesetzt ist?

In den folgenden Absätzen sind weitere Konsequenzen gezogen. Absatz III ordnet an: „Öffentlichrechtliche Vorteile oder Nachteile der Geburt sind aufzuheben. Adelsbezeichnungen gelten nur als Teil des Namens und dürfen nicht mehr verliehen werden". Besonders der zweite Satz hat eine Reihe von Streitfragen entfesselt, auf die nicht näher eingegangen werden kann. Absatz IV bis VI bringen dann eine Reihe von Grundsätzen, die gewissermaßen zum guten Ton der Demokratie gehören: das Verbot der Verleihung von Titeln, die nicht ein Amt oder einen Beruf bezeichnen, wobei akademische Grade ausdrücklich ausgenommen werden, das Verbot der staatlichen Verleihung von Orden und Ehrenzeichen, das Verbot der Annahme ausländischer Titel und Orden, nicht dagegen ausdrücklich ausländischen Adels. Wie wenig ernst es mit diesen Verbeugungen vor ultrademokratischen Forderungen gemeint ist, beweist Art. 175, der Orden und Ehrenzeichen für Verdienste im Weltkrieg von dem Verleihungsverbote ausnimmt. Also auch hier wieder der Weg des Kompromisses.

Der „Freiheit" sind eine ganze Reihe von Artikeln gewidmet, die aber nicht nur in diesem Zusammenhang stehen, sondern auch in andern Abschnitten enthalten sind. Eine eingehende Betrachtung würde zu weit führen. Eine Aufzählung muß genügen. Erwähnt werden: Freizügigkeit, Aufenthalts- und

Niederlassungsfreiheit, Freiheit im Grundstückserwerb und in der Erwerbstätigkeit überhaupt (sämtlich in Art. 111), Auswanderungsfreiheit (112), persönliche Bewegungsfreiheit (114), Freiheit der Wohnung (115), Freiheit der individuellen Geheimsphäre durch Schutz des Brief-, Post-, Telegraphen- und Fernsprechgeheimnisses (117), Freiheit der persönlichen Meinungsäußerung und Preßfreiheit (118), Versammlungsfreiheit (123), Vereinigungsfreiheit (124), als Sonderfall wirtschaftliche Koalitionsfreiheit (159), Glaubens- und Gewissensfreiheit (135), Freiheit von Kunst und Wissenschaft (142), wirtschaftliche Freiheit, Freiheit des Handels und Gewerbes (151), Vertragsfreiheit (152).

Die rechtliche Bedeutung der verschiedenen, in diesem langen Katalog enthaltenen Bestimmungen ist sehr ungleichartig. Auf einzelne Punkte wird noch gelegentlich näher einzugehen sein. Hier ein paar allgemeine Bemerkungen. Auf der einen Seite stehen Sätze, die vollkommen bedeutungslos sind. Stünden sie nicht da, so wäre der Rechtszustand nicht um ein Haar anders. So z. B. Art. 112: „Jeder Deutsche ist berechtigt, nach außerdeutschen Ländern auszuwandern. Die Auswanderung kann nur durch Reichsgesetz beschränkt werden.“ Auch der an sich wegen der Zuständigkeitsfrage in Betracht kommende zweite Satz ist angesichts der schon in Art. 6 Z. 3 festgelegten ausschließlichen Kompetenz der Reichsgesetzgebung vollkommen überflüssig. Oder Art. 114: „Die Freiheit der Person ist unverletzlich. Eine Beeinträchtigung oder Entziehung der persönlichen Freiheit durch die öffentliche Gewalt ist nur auf Grund von Gesetzen zulässig.“ Auch das versteht sich von selbst. Ebenso die Freiheit des Handels und Gewerbes oder die Vertragsfreiheit nach Maßgabe der Gesetze (151, 152).

Bei anderen Bestimmungen handelt es sich darum, daß ein Grundsatz in der Verfassung festgelegt werden soll, von dem die gewöhnliche Gesetzgebung nur Ausnahmen normieren darf. So gestattet Art. 111 nur Einschränkungen der Freizügigkeit und der damit zusammenhängenden Befugnisse, 115 und 117 nur Ausnahmen von der Freiheit der Wohnung oder von dem Briefgeheimnis usw. In einzelnen Fällen wird jede Ausnahme ausgeschlossen, so bei der persönlichen Meinungsfreiheit (118), der Vereinigungsfreiheit (124), der Freiheit der Kunst und Wissenschaft (142), in anderen Fällen werden nur ganz bestimmte Ausnahmen freigegeben: Lichtspielzensur und Bekämpfung der Schund- und Schmutzliteratur sowie Jugendschutz bei öffentlichen Schaustellungen und Darbietungen (118 II), Anmeldepflicht und Verbot von Versammlungen unter freiem Himmel (123 II), Beschränkung des Erwerbs der Rechtsfähigkeit durch Vereine (124 II). Manchmal enthält die Verfassung positive Spezialbestimmungen zum Schutz der einzelnen angeführten Rechtsgüter; so z. B. bei Verhaftungen (114 II). Was schließlich die Schaffung von Schranken für die Landesgesetzgebung betrifft, so ist diese Wirkung nur in seltenen Fällen zu verzeichnen, da der Vorbehalt der Schaffung von Ausnahmen für die Reichsgesetzgebung zumeist gerade dort verfügt wird, wo es sich nach dem allgemeinen Zuständigkeitskatalog ohnehin um die ausschließliche Kompetenz des Reiches handelt.

Wenn man sich dieses große Aufgebot von durchgreifenden Bestimmungen zum Schutz der Freiheit nach allen denkbaren Richtungen vor Augen hält und andererseits das praktische Leben betrachtet, in welchem jedermann auf Schritt und Tritt in seiner Bewegung in der empfindlichsten Weise beengt ist, man denke an die Zwangsbewirtschaftung der Lebensmittel, an die frühen Sperrstunden für die Gaststätten, an die Heizungsbeschränkungen und Lichtsparmaßnahmen, an die Zeitungs- und Versammlungsverbote, so hat man wieder einen deutlichen Beleg, wie bei der Reichsverfassung Wollen und Wissen im Widerspruch steht. Gewiß, es gibt keinen Staat, in dem nicht für Ausnahmsverhältnisse auch Ausnahmsmaßregeln vorgesehen wären. Aber es wirft doch ein merkwürdiges Licht auf den sachlichen Ernst des Gesetzgebers, wenn er ohne jede Rücksicht auf die Bedürfnisse des täglichen Lebens Regeln aufstellt, die so wenig passen, daß ihnen gegenüber die Anwendung der Ausnahmen vollständig überwiegt, daß die Regeln selbst praktisch als Ausnahmen, die Ausnahmen dagegen als Regeln erscheinen. Dabei gründet sich nur ein kleiner Teil dieser Ausnahmen auf die Verfassung selbst. Es sind dies die besonderen Maßnahmen, die der Reichspräsident, „wenn im Deutschen Reich die öffentliche Sicherheit und Ordnung erheblich gestört oder gefährdet wird, zur Wiederherstellung der öffentlichen Sicherheit und Ordnung . . treffen" kann (48 II). Zu diesem Zwecke wird ihm ausdrücklich gestattet, vorübergehend gewisse Grundrechte, nämlich die persönliche Freiheit, die Freiheit der Wohnung, das Brief- und Postgeheimnis, die Meinungs- und Pressefreiheit, Versammlungs- und Vereinsfreiheit und die Eigentumsfreiheit, ganz oder zum Teil außer Kraft zu setzen. Als Kautel gegen etwaigen Mißbrauch dieses Rechts ist Mitteilung an den Reichstag vorgeschrieben, der die Außerkraftsetzung verlangen kann (48 III). Bei Gefahr im Verzug sind auch die Landesregierungen zu einstweiligen Maßnahmen berechtigt (48 IV).

Viel einschneidender sind die Ausnahmsbestimmungen, die in das tägliche Leben auch des unpolitischen Bürgers eingreifen. Diese entstammen einer ganz anderen Rechtsgrundlage. Es ist die Not des Krieges und seines unglücklichen Ausganges, die sich leider durch allen guten Willen der in ihre Theorien eingesponnenen Redaktoren des zweiten Hauptteils der Reichsverfassung nicht wegdekretieren ließ. Soweit es sich nicht einfach um die notgedrungene Verlängerung der Geltungsdauer der während des Kriegs erlassenen wirtschaftlichen Verordnungen handelt (vgl. Bekanntmachung vom 28. Dezember 1918, RGBl. S. 16 von 1919), sind es der Erlaß des Rates der Volksbeauftragten vom 12. November 1918 über die Errichtung des Reichsamts für die wirtschaftliche Demobilmachung und die in seinem Gefolge ergangenen Vorschriften, auf deren Grundlage jene einschneidende Reglementierung des täglichen Lebens ergangen ist und noch weiterhin ergeht.

Angesichts dieser Gestaltung der praktischen Rechtsverhältnisse erweist sich all das Schöne, das die neue Reichsverfassung über das Kapitel der Freiheit zu sagen weiß, als eine Zukunftsmusik, von der man nur hoffen darf, daß ihre Tröstungen sich einmal in absehbarer Zeit verwirklichen werden.

Alle Bestimmungen über die Grundrechte, die bisher vorgeführt wurden, dienen der individuellen Stellung des einzelnen Bürgers im Staate. Aber damit ist doch noch nicht gesagt, daß dadurch das Ich und seine engherzigen Interessen zum Selbstzweck erhoben werden sollten. Denn die höchste Entfaltung der Persönlichkeit ist Grundbedingung nicht nur der individuellen, sondern auch der sozialen Kultur. Dadurch ist zugleich die Beziehung zu dem andern der beiden Pole, der Gesellschaft gegeben. Daß sich beides nicht scheiden läßt, beweist u. a. auch die Verteilung des Stoffes zwischen den Abschnitten „Die Einzelperson" und „Das Gemeinschaftsleben". So sind z. B. in ersterem die Grundsätze über die Staatsangehörigkeit (110) und die Rechte der fremdsprachigen Volksteile (113), in letzterem diejenigen über das Vereins- und Versammlungsrecht (123, 124) enthalten, der Schutz der Jugend gegen Verwahrlosung ist z. T. im ersten Abschnitt — Bekämpfung der Schundliteratur usw. (118 II) —, z. T. im zweiten Abschnitt — Schutz gegen Ausbeutung und Verwahrlosung (122) — geregelt.

Von den beiden eben angeführten in den ersten Abschnitt eingereihten Instituten, der Staatsangehörigkeit und dem Minoritätenschutz, war bereits gelegentlich die Rede (S. 46 und 19). Von dem ersteren wurde das nötige gesagt; über das letztere sind noch einige Worte am Platze. „Die fremdsprachigen Volksteile des Reichs dürfen durch die Gesetzgebung und Verwaltung nicht in ihrer freien volkstümlichen Entwicklung, besonders nicht im Gebrauch ihrer Muttersprache beim Unterricht sowie bei der inneren Verwaltung und Rechtspflege beeinträchtigt werden." Man kann nicht behaupten, daß die Tragweite dieses Satzes besonders klar ist. Zunächst einmal die immer wieder auftauchende Frage: Handelt es sich hier um einen unmittelbar geltenden Rechtssatz, der alle entgegenstehenden Vorschriften des Reichs- und Landesrechts mit einem Schlag beseitigt, oder um ein Programm, dessen Erfüllung der Zukunft überantwortet ist? Dann die Bedeutung der einzelnen Worte. Was ist unter Beeinträchtigung der freien volkstümlichen Entwicklung zu verstehen? Ist damit nur das persönliche Leben und die private Vereinstätigkeit gemeint oder auch die Betätigung in der Öffentlichkeit, z. B. durch nationale Demonstrationen, Fahnen und Farben u. dgl.? Bedeutet Gebrauch der Muttersprache beim Unterricht das Recht ihrer Anwendung in Privatschulen oder soll ein Anspruch auf Errichtung fremdsprachiger öffentlicher Schulen bestehen? Wenn ja, bis hinauf zu welcher Schulgattung, z. B. einschließlich der Hochschulen? Gilt der Anspruch auch für Spezialunterrichtsanstalten? Wie weit soll der Gebrauch der Muttersprache bei Verwaltung und Rechtspflege gestattet sein, im äußeren Verkehr oder auch im inneren Dienst? Handelt es sich dabei nur um ein Recht der Parteien gegenüber den amtlichen Organen oder etwa auch um ein Recht der Beamten selbst? Und wie weit reicht die örtliche Geltung des Grundsatzes? Ist nur das historische Siedlungsgebiet gemeint oder soll z. B. der polnische Arbeiter auch in Oberbayern nationale Minderheitsrechte beanspruchen können? Jeder, der einmal mit dem Sprachenproblem in gemischtsprachigen Gegenden Befassung hatte, weiß, was für eine heikle Materie hier vorliegt, wie leicht sich hinter billigen Ansprüchen kultureller Art machtpolitische Bestrebungen verbergen, mit einem Wort, daß hier die allergrößte Vorsicht und die sorgfältigste Regelung der einzelnen Punkte dringend geboten sind. Wenn man annimmt, daß Art. 113 nur als Programmsatz aufzufassen ist, so ergeben sich die ernstesten Mahnungen an die Faktoren, denen die Durchführung dieses Programmes obliegt.

Nunmehr zu dem Inhalt des zweiten Abschnitts. Daß hier die verschiedenartigsten Dinge unter dem Schlagwort

Gemeinschaftsleben zusammengefaßt sind, zeigt ein Überblick über die behandelten Gegenstände. Ehe, Familie (119 I und II), Elternrecht (120), Mutterschaft (119 III), Jugendschutz (122), uneheliche Kinder (121) bilden eine zusammengehörige Gruppe, dann kommt Wahlrecht (125), Petitionsrecht (126), Selbstverwaltung der Gemeinden und Gemeindeverbände (127), eine dritte Reihe von Sätzen bezieht sich auf Amts- und Beamtenrecht, Dienstpflicht (128—133), den Schluß bildet die allgemeine Beitragspflicht zu den öffentlichen Lasten (134).

Ebenso willkürlich, wie die äußere Zusammenstellung, ebenso verschiedenartig ist auch die inhaltliche Bedeutung. Gerade in diesem Abschnitt hat die Sucht nach schönen Sätzen und Worten, nach lockenden Verheißungen mit unbestimmter Erfüllungsaussicht eine besondere Rolle gespielt. Daneben kommen dann die Rechtssätze von positiver Bedeutung wie solche von absoluter Inhaltslosigkeit.

„Die Ehe steht als Grundlage des Familienlebens und der Erhaltung und Vermehrung der Nation unter dem besonderen Schutz der Verfassung" (119 I). Worin sich dieser zeigen soll, ist einfach rätselhaft. Denn daß man eine so grundsätzliche gesellschaftliche Einrichtung nicht im Wege eines nunmehr ausgeschlossenen einfachen Gesetzes durch ein paar Beschlüsse einer Parlamentsmehrheit aufheben könnte, ist doch wohl jedem Denkenden klar. „Die Reinerhaltung, Gesundung und soziale Förderung der Familie ist Aufgabe des Staats und der Gemeinden" (119 II). Der Schwerpunkt wird aber doch wohl in den sittlichen Kräften der Volksgesamtheit liegen. „Kinderreiche Familien haben Anspruch auf ausgleichende Fürsorge" (119 II). „Die Mutterschaft hat Anspruch auf den Schutz und die Fürsorge des Staats" (119 III). Das sind Programme ohne irgend einen positiven Rechtsinhalt. „Sie" — ergänze die Ehe — „beruht auf der Gleichberechtigung der beiden Geschlechter" (119 I Satz 2). Ist das ein Rechtssatz, der für die Wahl des Namens, des Aufenthalts, des Berufes auch der Frau maßgebend ist? Die Praktiker werden das entschieden leugnen. Art. 120: „Die Erziehung des Nachwuchses zur leiblichen, seelischen und gesellschaftlichen Tüchtigkeit ist oberste Pflicht und natürliches Recht der Eltern, über deren Betätigung die staatliche Gemeinschaft wacht". Dieser ganze Satz ist ohne jede positive rechtliche Bedeutung, wie im einzelnen wohl nicht näher ausgeführt werden muß. Daß Art. 121 über die Schaffung der gleichen Bedingungen für die leibliche, seelische und gesellschaftliche Entwicklung der unehelichen Kinder gegenüber den ehelichen Kindern mit dem besonderen Schutz der Ehe in vollem Widerspruch steht, wurde bereits früher ausgesprochen. Welche positive Verpflichtungen sich aus Art. 122 I ergeben, ist kaum zu bestimmen: „Die Jugend ist gegen Ausbeutung sowie gegen sittliche, geistige oder körperliche Verwahrlosung zu schützen. Staat und Gemeinde haben die erforderlichen Einrichtungen zu treffen." Überflüssig ist Art. 122II: „Fürsorgemaßregeln im Wege des Zwanges können nur auf Grund des Gesetzes angeordnet werden."

Die zweite Gruppe von Regeln ist im wesentlichen inhaltslos. Höchstens könnte die Bindung des Landesrechts angeführt werden; aber nach den heutigen politischen Verhältnissen besteht hierfür ein Bedürfnis nicht. „Wahlfreiheit und Wahlgeheimnis sind gewährleistet. Das Nähere bestimmen die Wahlgesetze" (125). „Jeder Deutsche hat das Recht, sich schriftlich mit Bitten oder Beschwerden an die zuständige Behörde oder an die Volksvertretung zu wenden. Dieses Recht kann sowohl von einzelnen als auch von mehreren gemeinsam ausgeübt werden" (126). „Gemeinden und Gemeindeverbände haben das Recht der Selbstverwaltung innerhalb der Schranken der Gesetze" (127).

Von ganz anderem Holze sind, wenigstens zum großen Teile, die Bestimmungen über das Amtsrecht geschnitzt. Hier handelt es sich vielfach um praktische Fragen von erheblichem Interesse. Art. 128 I wendet zunächst den Grundsatz der Gleichheit auf die Anstellung im öffentlichen Dienst an. „Alle Staatsbürger ohne Unterschied sind nach Maßgabe der Gesetze und entsprechend ihrer Befähigung und ihren Leistungen zu den öffentlichen Ämtern zuzulassen". Es wird hiermit eine Schranke für das freie Ermessen errichtet, deren Übersteigung bei Anwendung einiger Geschicklichkeit allerdings kaum nachzuweisen ist. Im zweiten Absatz wird daraus eine besondere Folgerung gezogen: „Alle Ausnahmebestimmungen gegen weibliche Beamte werden beseitigt". Wichtig ist dann auch Absatz III, der die reichsgesetzliche Regelung der Grundlagen des Beamtenverhältnisses, für das dem Reich nach Art. 10 Z. 3 die Zuständigkeit gegeben ist, zur Pflicht macht. Es soll auf diese Weise wenigstens in den Hauptzügen ein ohne Rücksicht auf die einzelnen Dienstgeber einheitliches öffentliches Beamtenrecht geschaffen werden. Art. 129 macht sich sofort an die Lösung dieser Aufgabe, indem er die wichtigsten Rechte selbst festlegt: Anstellung auf Lebenszeit, soweit nicht gesetzlich Ausnahmen zugelassen werden, Ruhe- und Hinterbliebenenversorgung, Unverletzlichkeit der wohlerworbenen Rechte, Zulässigkeit des Rechtswegs für vermögensrechtliche Ansprüche, gesetzliche Sicherung ihrer Stellung, Einsicht in die Personalakten. Damit werden die in stetiger organischer Entwicklung geschaffenen Grundsätze des deutschen Berufsbeamtenrechts, die durch die Revolution aufs schwerste gefährdet waren, gesichert, das Wahlbeamtentum von Parteignaden endgültig abgelehnt. Dieser Schritt ist von größter Bedeutung für die Zukunft des Staates und Volkes. Das deutsche Beamtentum mit seiner sachlichen Tüchtigkeit, seiner gewissenhaften Pflichttreue, seiner persönlichen Objektivität stellt ein so wertvolles Guthaben dar, daß seine Erhaltung zu den wichtigsten Aufgaben in einer nur allzuleicht zu gewagten Experimenten geneigten politischen Umwälzungsperiode gehört. Die parlamentarische Regierungsform hat ihrer Natur nach einen bestimmenden Einfluß der herrschenden Mehrheitsparteien auf die ganze öffentliche Verwaltung zur Folge. Es besteht die Gefahr, daß mehr und mehr an die Stelle sachlicher Erwägung die parteimäßige Beurteilung tritt. Ein unabhängiges, objektiv orientiertes Beamtentum stellt daher ein äußerst wichtiges Korrektiv dar. Der Schutz der Beamtenstellung erscheint unter diesem Gesichtspunkt nicht nur als Standes-, sondern geradezu als Staatsinteresse.

Sehr bezeichnend ist, daß etwas in der neuen Reichsverfassung fehlt, was sonst in den Staatsgrundgesetzen einen breiten Raum einzunehmen pflegt, die Pflichten der Beamten. Ein besseres Zeugnis für das allseitige Vertrauen, das dieser Stand genießt, kann es kaum geben. Selbst von radikaler Seite sind keine darauf gerichteten Anträge gestellt worden.

Sehr problematisch ist der Satz des Art. 130 I: „Die Beamten sind Diener der Gesamtheit, nicht einer Partei". Davon war bereits gelegentlich die Rede (S. 14). So schön das Prinzip als solches ist, rechtliche Folgerungen können unmittelbar aus diesem Satze nicht gezogen werden. Die Bestimmungen des Art. 130 II und III entsprechen der allgemeinen politischen Entwicklung: „Allen Beamten wird die Freiheit ihrer politischen Gesinnung und die Vereinigungsfreiheit gewährleistet. Die Beamten erhalten nach näherer reichsgesetzlicher Bestimmung besondere Beamtenvertretungen".

Ganz aus dem Rahmen fällt der Art. 131, der die Haftung des Staates und der öffentlichen Körperschaften für Amtspflichtverletzungen ihrer Beamten festsetzt. Hier handelt es sich wieder einmal um die Herübernahme eines gewöhnlichen Rechtssatzes in die Verfassung.

Vollkommen inhaltslos sind die Regeln der Art. 132 und 133, die allgemeine Pflicht zur Übernahme von Ehrenämtern und persönlichen Diensten normierend. Wichtig ist nur der Satz in Art. 133 II, daß das Reichswehrgesetz die Einschränkung einzelner Grundrechte aussprechen kann.

Den Abschluß des Abschnittes bringt dann der ebenfalls rein programmatisch gefaßte und darum praktisch überflüssige Art. 134: „Alle Staatsbürger ohne Unterschied tragen im Verhältnis ihrer Mittel zu allen öffentlichen Lasten nach Maßgabe der Gesetze bei."

XII. Religion, Bildung und Schule.

Wie das Leben des Menschen im allgemeinen durch die beiden Pole Individuum und Gesellschaft bestimmt ist, so ist auch für die Stellung zur Religion einerseits das persönliche Bedürfnis, andererseits die Zugehörigkeit zu einer größeren Gemeinschaft maßgebend. Soweit daher die staatliche Rechtsordnung das Religionswesen ordnet, muß sie sowohl auf die Persönlichkeitssphäre als auch auf die Tatsachen der religiösen Organisation Rücksicht nehmen. Die historische Entwicklung in Deutschland hat dazu geführt, daß nicht ein religiöses Bekenntnis vorherrscht, sondern daß die Spaltung in die zwei großen christlichen Kirchen maßgebend ist, unter die sich die weitaus überwiegende Masse der Bevölkerung aufteilt. Daneben besteht bekanntlich noch eine Reihe anderer Glaubensgemeinschaften mit geringerer Mitgliederzahl.

So ist von vornherein eine eigentliche Staatskirche ausgeschlossen. Andererseits aber hat sich ein kräftiger Zusammenhang der Staatsgewalt mit den beiden großen kirchlichen Organisationen erhalten bzw. entwickelt, zunächst rechtlicher Natur, indem dem Staat eine gewisse Ingerenz auf den Aufbau, die Gliederung, Ämterbesetzung, finanzielle Grundlage, ja sogar den Kultus zukam, dann aber auch politischer Art, indem die herrschenden Gewalten sich mit den kirchlichen Faktoren verbündeten, um deren Einfluß auf die Masse der Bevölkerung für allgemeine politische Zwecke, insbesondere die Pflege des monarchischen Gedankens zu verwerten. In beiden Richtungen, sowohl nach der rechtlichen wie nach der politischen Seite, hat sich ein im Großen und Ganzen beide Teile befriedigender modus vivendi herausgebildet.

Die Revolution hat in diesen Gleichgewichtszustand eine schwere Erschütterung gebracht. Der Übergang des Schwerpunktes der politischen Macht an Parteien, die den herrschenden Religionen gleichgültig, z. T. sogar feindlich gegenüberstanden, hat die Teilnahme der Regierungen an der Kirchenverwaltung zu einem unmöglichen Zustand gemacht und schon allein dadurch die Neuregelung des Verhältnisses zwischen Staat und Kirche auf die Tagesordnung gesetzt. Zugleich setzte nach der Seite der individuellen Rechte eine starke Betonung der Forderung nach freierer Gestaltung der religiösen Rechtsstellung ein. Wie das Wiederaufleben des Gedankens, die Grund- und Freiheitsrechte einheitlich für das ganze deutsche Volk von Reichs wegen zu regeln, im allgemeinen im unitarischen Sinne wirkte, so mußte die Zugehörigkeit der Religionsfreiheit zu dem Katalog dieser Rechte im besonderen die Reichsverfassung vor die Aufgabe der Schaffung eines neuen Staatskirchenrechts stellen. Es zeugt von der nicht vollen Erfassung dieser Situation, wenn nach Art. 10 Z. 1 das Reich Grundsätze für die Rechte und Pflichten der Religionsgesellschaften aufstellen k a n n. Die bereits wiederholt festgestellte Tatsache, daß die Träger der Revolution als eine Minderheit im deutschen Volk nicht die Kraft besaßen, ihre politischen und sozialen Ideen zur Herrschaft zu führen, bewirkte nun auch auf diesem Gebiete, ja wegen der Eigenart der Parteiverhältnisse gerade auf diesem Gebiete, daß die neuen Forderungen nur teilweise verwirklicht, im übrigen aber auf einen Ausgleich mit den überkommenen Anschauungen verwiesen wurden. Dadurch war von vornherein ein Kompromiß in der Kirchenfrage gegeben, das sich wegen des inneren und äußeren Zusammenhangs auch auf den Bereich der Schule erstrecken mußte.

Art. 135 und 136 regeln im wesentlichen die persönliche Rechtsstellung der Einzelnen auf religiösem Gebiet, Art. 137 und 138 die Rechtsstellung der religiösen Organisationen, während die Stellung der Religion in der Schule in Art. 149, außerdem aber auch in einzelnen Punkten der Art. 146, 147 und 148 geordnet ist.

In den Bestimmungen der Reichsverfassung über die persönliche religiöse Stellung sind vielfach Sätze der Frankfurter Verfassung übernommen, zum Teil wörtlich, zum Teil mit nicht immer glücklichen Abänderungen. Neben der

Religionsfreiheit ist wiederum auch die Religionsgleichheit anerkannt.

Art. 135 beginnt: „Alle Bewohner des Reichs genießen volle Glaubens- und Gewissensfreiheit." Da dieser Satz nur den inneren Bereich berührt, ist er ebenso schön, aber rechtlich bedeutungslos wie die dramatisch wirkungsvolle Forderung des Marquis Posa: Sire, geben Sie Gedankenfreiheit. Gemeint ist offenbar mehr: es soll auch Freiheit des religiösen Bekenntnisses gewährleistet werden. Soweit es sich um die Glaubens- und Gewissensfreiheit im engeren Sinn handelt, wird ihr rechtlicher Inhalt nicht durch Art. 135, sondern erst durch weitere Sätze bestimmt, und zwar in negativer Richtung durch Art. 136 IV: „Niemand darf zu einer kirchlichen Handlung oder Feierlichkeit oder zur Teilnahme an religiösen Übungen oder zur Benutzung einer religiösen Eidesform gezwungen werden," in positiver Richtung durch Art. 135: „Die ungestörte Religionsübung wird durch die Verfassung gewährleistet und steht unter staatlichem Schutz. Die allgemeinen Staatsgesetze bleiben hiervon unberührt." Diese Sätze sind nicht nur von theoretischer Bedeutung, sondern auch von praktischer Geltung, indem alle entgegenstehenden partikularen Rechtsnormen aufgehoben werden. In einer Beziehung hat die Reichsverfassung selbst die Folgerungen gezogen, nämlich durch den viel angefochtenen Art. 177: „Wo in den bestehenden Gesetzen die Eidesleistung unter Benutzung einer religiösen Eidesform vorgesehen ist, kann die Eidesleistung rechtswirksam auch in der Weise erfolgen, daß der Schwörende unter Weglassung der religiösen Eidesform erklärt: „ich schwöre". Im übrigen bleibt der in den Gesetzen vorgesehene Inhalt des Eides unberührt."

Eine weitere Folgerung für das Verhältnis zu den staatlichen Behörden spricht Art. 136 III aus: „Niemand ist verpflichtet, seine religiöse Überzeugung zu offenbaren. Die Behörden haben nur soweit das Recht nach der Zugehörigkeit zu einer Religionsgesellschaft zu fragen, als davon Rechte und Pflichten abhängen oder eine gesetzlich angeordnete statistische Erhebung dies erfordert." Hier sind also auch dem staatlichen Zwang gewisse Grenzen gezogen, aber doch nur in sehr bescheidenem Maße. Denn die wichtigste Folgerung, daß die kirchliche Zugehörigkeit ausschließlich durch einen freien Entschluß des einzelnen oder seines gesetzlichen Vertreters bestimmt wird, ist nicht ausgesprochen. Auch durch die Reichsverfassung werden also die Rechtssätze nicht berührt, wonach jemand zunächst von Gesetzes wegen in eine bestimmte Religion hineingeboren wird.

Bezüglich der Religionsgleichheit bestimmt Art. 136 II klar und deutlich: „Der Genuß bürgerlicher und staatsbürgerlicher Rechte sowie die Zulassung zu öffentlichen Ämtern sind unabhängig von dem religiösen Bekenntnis". Unklar dagegen ist der Satz des Art. 136 I: „Die bürgerlichen und staatsbürgerlichen Rechte und Pflichten werden durch die Ausübung der Religionsfreiheit weder bedingt noch beschränkt." Davon, daß jemand von seiner Religionsfreiheit Gebrauch macht, können seine Rechte nicht abhängen noch können sie dadurch eingeschränkt werden. Ebensowenig können seine Pflichten auf diese Weise bedingt sein. Einen Sinn hat es nur, daß die Erfüllung seiner Pflichten durch Berufung auf seine Religionsfreiheit nicht soll abgelehnt werden dürfen. Warum die klaren Bestimmungen des § 146 der Frankfurter Verfassung: „Durch das religiöse Bekenntnis wird der Genuß der bürgerlichen und staatsbürgerlichen Rechte weder bedingt noch beschränkt. Den staatsbürgerlichen Pflichten darf dasselbe keinen Abbruch tun," in dieser Weise umstilisiert werden mußten, wird wohl niemand einleuchten.

An der Spitze der Vorschriften über die Religionsgesellschaften steht der bereits im alten Recht geltende übrigens nur programmatische und darum an sich überflüssige Satz: „Es besteht keine Staatskirche" (137 I). Nun aber kommt ein sehr bedeutsamer Schritt nach vorwärts, die Anerkennung der religiösen Organisationsfreiheit. Einerseits: „Die Freiheit der Vereinigung zu Religionsgesellschaften wird gewährleistet" (137 II Satz 1). Andererseits: „Der Zusammenschluß von Religionsgesellschaften innerhalb des Reichsgebiets unterliegt keinen Beschränkungen (137 II Satz 2). Damit sind zahlreiche Schranken des bestehenden Rechts niedergerissen worden. Sehr wichtig ist auch Art. 137 VII: „Den Religionsgesellschaften werden die Vereinigungen gleichgestellt, die sich die gemeinschaftliche Pflege einer Weltanschauung zur Aufgabe machen." Dadurch wird den modernsten Bestrebungen zur Vergeistigung des persönlichen Lebens freie Bahn geschaffen.

In positiver Hinsicht wird die allgemeine Rechtsstellung der Religionsgesellschaften durch zwei in ihrem gegenseitigen Verhältnis nicht klar bestimmte Regeln festgelegt. Einerseits spricht Art. 137 IV den Satz aus: „Religionsgesellschaften erwerben die Rechtsfähigkeit nach den allgemeinen Vorschriften des bürgerlichen Rechts," also wie private Vereine. Andererseits sagt Art. 137 V: „Die Religionsgesellschaften bleiben Körperschaften des öffentlichen Rechts, soweit sie solche bisher waren." Diese Vorzugsstellung bleibt aber nicht nur auf den überkommenen Besitzstand beschränkt, sondern wird zu einer frei fortwirkenden Gestaltungsmöglichkeit erhoben; „Anderen Religionsgesellschaften sind auf ihren Antrag gleiche Rechte zu gewähren, wenn sie durch ihre Verfassung und die Zahl ihrer Mitglieder die Gewähr der Dauer bieten" (137 V).

Der Gegensatz zwischen beiden zur Wahl gestellten Rechtsformen wird erst klar, wenn aufgehellt ist, was der Begriff „öffentliche Körperschaft" bedeutet. Hier ist Theorie und Praxis, wie so oft in der Reichsverfassung vor ein äußerst schwieriges Problem gestellt. Die Reichsverfassung, geht offenbar von der Voraussetzung aus, es gäbe einen allgemeinen festumrissenen Begriff der öffentlichen Körperschaft. Tatsächlich versteht man darunter Organisationstypen von sehr verschiedenen Zwecken und Gestaltungen wie Gemeinden, Gemeindeverbände, Kammern der verschiedenen Erwerbsstände und Berufe, Einrichtungen der Sozialversicherung wie Krankenkassen, Unfallversicherungsberufsgenossenschaften u. dgl. m. Jede dieser Körperschaften hat ihr eigenes, abweichend gestaltetes Recht. Im allgemeinen kann man nur sagen, daß es sich um Korporationen handelt, die wegen ihres Zusammenhangs mit den allgemeinen öffentlichen Interessen mit besonderen Rechten oder Pflichten ausgestattet sind, also ein Mehr oder auch mitunter ein Weniger gegenüber den gewöhnlichen privatrechtlichen Organisationen darstellen. Dieses Mehr, aber auch Weniger soll nun den betreffenden Religionsgesellschaften bleiben, wobei noch die an sich merkwürdige Unterscheidung besteht, daß die neueren Religionsgesellschaften die Wahl haben, ob sie sich mit der privaten Rechtsform begnügen oder diese besondere Rechtsstellung erstreben, während die alten an die letztere gebunden sind. Eigentlich liegt also ein sog. privilegium odiosum, ein Rechtsnachteil vor, der nur deswegen verständlich ist, weil tatsächlich die Vorteile überwiegen, vor allem offenbar wegen der Zwangszugehörigkeit der Glaubensgenossen. Das Einzelne richtet sich nach Landesrecht. Ein Punkt wird besonders hervorgehoben, der also nicht als eine selbstverständliche Eigenschaft der öffentlichen Körperschaft angesehen wird; „die Religionsgesellschaften, welche Körperschaften des öffentlichen Rechts sind, sind berechtigt, auf Grund der bürgerlichen Steuerlisten nach Maßgabe der landesrechtlichen Bestimmungen Steuern zu erheben" (137 VI).

Nun kommt noch ein sehr wichtiger Satz: „Jede Religionsgesellschaft ordnet und verwaltet ihre Angelegenheiten selbständig innerhalb der Schranken des für alle geltenden Gesetzes. Sie verleiht ihre Ämter ohne Mitwirkung des Staates oder der bürgerlichen Gemeinde" (137 III). Diese Norm gilt für alle ohne Unterschied, ob die Rechtsform der privat- oder öffentlichrechtlichen Körperschaft gegeben ist. Aber ohne weiteres durchführbar ist sie grundsätzlich nur für die erstere, indem einfach die Grundsätze des privaten Vereinsrechts Anwendung finden. Bei Körperschaften des öffentlichen Rechts gibt es oft gar keine unabhängig von der staatlich geordneten bestehende eigene Organisation, insbesondere häufig bei der protestantischen Kirche. Es erhebt sich daher die Frage: gilt dieses Verwaltungs- und Organisationsrecht ohne weiteres mit Inkrafttreten der Reichsverfassung auch für die Religionsgesellschaften mit öffentlichrechtlich korporativem Charakter? Haben diese damit die Befugnis erlangt, unter Ignorierung ihrer bisher staatlich festgesetzten Rechtsordnung sich neu zu konstituieren und, wenn ja, nach welchen Rechtsgrundsätzen? Nach frei von ihnen gewählten oder unter Anwendung der Vorschriften für private Vereine, die aber mit Rücksicht auf ihre öffentlichrechtliche Korporationseigenschaft eben gar nicht für sie gelten sollen? Eine Beantwortung der Frage ist auch nicht darin zu erblicken, sondern nur ein Hinweis auf ihre Schwierigkeit, wenn Art. 137 VIII bestimmt: „Soweit die Durchführung dieser Bestimmungen eine weitere Regelung erfordert, liegt diese der Landesgesetzgebung ob.“ Denn danach geht das notwendige Kopfzerbrechen einfach auf die Faktoren der Landesgesetzgebung über. Die Frage ist sehr bald in Bayern akut geworden. Das protestantische Oberkonsistorium, das als staatliche Behörde errichtet ist, hat einfach die Rechte nach Art. 137 III für sich in Anspruch genommen. Die bayerische Regierung hat sich nach kurzem Sträuben im Einvernehmen mit dem Landtag diesem Rechtsstandpunkt gefügt und unter entsprechender vorläufiger Regelung der Staatsleistungen das Oberkonsistorium und die Konsistorien einfach als staatliche Behörden aufgelöst, so daß sie rein als kirchliche Organe fortab weiterbestehen (Verordnung vom 28. Januar 1920 G. u. VBl. S. 29). Bezüglich der katholischen Kirche dagegen ergibt sich in Bayern eine wesentliche Komplikation dadurch, daß ihre Rechtsstellung auf Grund eines Staatsvertrags mit dem päpstlichen Stuhl, eines sog. Konkordates, geregelt ist. Deswegen soll erst mit dieser hohen Kirchenstelle ins Benehmen getreten werden.

Zweifellos ist es aber, daß früher oder später, ob nun die Bestimmungen der Reichsverfassung als unmittelbar geltendes

Recht oder als der besonderen landesgesetzlichen Durchführung bedürftige Grundsätze angesehen werden, die Freiheit der kirchlichen Verwaltung vom staatlichen Einfluß eintritt. Somit werden dann die besonderen Rechte des Staates gegenüber der Kirche aus der Hand gegeben sein. Die Folge müßte auch die Aufhebung der besonderen Pflichten sein. Diese Folgerung wird aber nicht gezogen.

So wurde bereits die reichsverfassungsmäßig festgelegte Verpflichtung der Länder erwähnt, das Steuerrecht der als öffentlich rechtliche Korporationen gestalteten Kirchen anzuerkennen und zu regeln. Aber darüber hinaus ist auch die unmittelbare staatliche Hilfe auf finanziellem Gebiet beibehalten worden. „Die auf Gesetz, Vertrag oder besonderen Rechtstiteln beruhenden Staatsleistungen an die Religionsgesellschaften werden durch die Landesgesetzgebung abgelöst. Die Grundsätze hierfür stellt das Reich auf" (138 I). Bis zum Erlaß des betreffenden Reichsgesetzes sollen nach ausdrücklicher Anordnung des Art. 173 die bisherigen Staatsleistungen unverändert bestehen bleiben. Das Endergebnis ist also, daß die Freiheit der Kirche vom Staat, aber die Dienstbarkeit des Staates gegenüber der Kirche erreicht wird.

Betrachtet es der Staat künftighin nicht mehr als seine unbedingte Aufgabe, in positiver Weise für religiöse Gesinnung zu sorgen, so will er ihrer Betätigung doch in seinem engeren Bereich auch keine Hindernisse in den Weg legen. Deswegen wird in Heer, Krankenhäusern, Strafanstalten usw. für die Möglichkeit von Gottesdienst und Seelsorge von Reichsverfassungs wegen gesorgt (140, 141). Weitaus größeres Interesse besteht an der Stellung der Religion in der Schule.

Über den Religionsunterricht bestimmt Art. 149: „Der Religionsunterricht ist ordentliches Lehrfach der Schulen mit Ausnahme der bekenntnisfreien (weltlichen) Schulen. Seine Erteilung wird im Rahmen der Schulgesetzgebung geregelt. Der Religionsunterricht wird in Übereinstimmung mit den Grundsätzen der betreffenden Religionsgesellschaft unbeschadet des Aufsichtsrechts des Staates erteilt. Die Erteilung des religiösen Unterrichts und die Vornahme kirchlicher Verrichtungen bleibt der Willenserklärung der Lehrer, die Teilnahme an religiösen Unterrichtsfächern und an kirchlichen Feiern und Handlungen der Willenserklärung desjenigen überlassen, der über die religiöse Erziehung des Kindes zu bestimmen hat."

Ein näheres Eingehen auf diese Bestimmungen würde zu weit führen. Wir sehen, daß in religiöser Beziehung neben anderen auch die bekenntnisfreie Schule vorgesehen ist. Nach dem Wortlaut hat es den Anschein, als ob sie die einzige Ausnahme bilde. Näher besehen ist die Bekenntnisschule die zweite Ausnahme. Die Regel bildet nämlich die Simultanschule. Denn Art. 146 I erklärt ausdrücklich, daß für die Aufnahme eines Kindes in eine bestimmte Schule das Religionsbekenntnis der Eltern nicht maßgebend ist. Allerdings setzte gerade in diesem Punkt wieder das Kompromiß ein. „Innerhalb der Gemeinden sind indes auf Antrag von Erziehungsberechtigten Volksschulen ihres Bekenntnisses oder ihrer Weltanschauung einzurichten, soweit hierdurch ein geordneter Schulbetrieb . . . nicht beeinträchtigt wird" (146 II). Dadurch ist die Entscheidung gegen die als Normaltypus hingestellte Simultanschule zugunsten der Bekenntnis- oder auch der bekenntnisfreien Schule in die Hände der Eltern gelegt, eine Art von Volksabstimmung in dieser Frage vorgesehen. Überdies ist ausdrücklich die Zulassung privater Volksschulen, die sonst nur bei Anerkennung eines besonderen pädagogischen Interesses platzgreifen soll, angeordnet, „wenn für eine Minderheit von Erziehungsberechtigten . . . eine öffentliche Volksschule ihres Bekenntnisses oder ihrer Weltanschauung in der Gemeinde nicht besteht" (147 II). In allen diesen Fällen handelt es sich praktisch kaum um bekenntnisfreie Schulen und Rücksichten auf Weltanschauungen, sondern um die konfessionelle Schule und den Einfluß der Kirchen. Besonders deutlich geht das noch aus der Übergangsbestimmung des Art. 174 hervor, nach der bis zum Erlaß eines bezüglichen Reichsgesetzes die bisherige

Rechtslage bestehen bleibt und außerdem, über den Rahmen einer reinen Übergangsvorschrift weit hinausgehend, an dieses künftige Gesetz die Weisung erteilt wird, „Gebiete des Reichs, in denen eine nach Bekenntnissen nicht getrennte Schule gesetzlich besteht, besonders zu berücksichtigen."

Nun soll zu den Bestimmungen der Reichsverfassung über das Schulwesen im allgemeinen übergegangen werden. Während die Religion mehr oder weniger Privatsache werden soll, von der sich der neue Staat, soweit es sich nicht um bereits bisher geleistete Unterstützungen handelt, zurückzieht, steht das Schulwesen im Vordergrund staatlichen Interesses.

Als allgemeine Bildungsanstalten sind grundsätzlich öffentliche Schulen, bei deren Einrichtung Reich, Länder und Gemeinden zusammenwirken sollen, vorgesehen (143 I). Es besteht allgemeine Schulpflicht, die mindestens 8 Jahre Volksschule und anschließend bis zum vollendeten achtzehnten Lebensjahre Fortbildungsschule umfaßt (145). Aber nicht nur die öffentlichen Schulen bilden den Gegenstand der Fürsorge der Gesamtheit, auch das ganze übrige Schulwesen steht unter staatlicher, gegebenenfalls gemeindlicher Aufsicht, die durch Fachbeamte ausgeübt werden soll (144).

Der Aufbau des öffentlichen Schulwesens soll nach einem großen Plan erfolgen. Eine gemeinsame Grundschule soll die Basis bilden, auf der sich das berufsmäßig gegliederte mittlere und höhere Schulwesen aufbaut (146 I). Sozialpolitischen Erwägungen ist ein weitgehender Spielraum gewährt. Der Unterricht und die Lernmittel in den Pflichtschulen sind kostenlos (145). Für die Aufnahme eines Kindes in eine bestimmte mittlere oder höhere Schule soll Anlage und Neigung des Kindes, nicht die wirtschaftliche und gesellschaftliche Stellung der Eltern maßgebend sein (146 I). Daher soll durch die öffentlichen Gewalten begabten Minderbemittelten finanzielle Unterstützung, insbesondere in der Form von Erziehungsbeihilfen gewährt werden (146 III).

Dem Privatschulwesen wird dagegen wenig Entgegenkommen bewiesen. Nur soweit keine Konkurrenz mit öffentlichen Schulen besteht, bleibt es beim geltenden Recht (147 IV). Private Volksschulen dürfen nur aus religiösen Rücksichten, die oben besprochen wurden, oder wegen eines besonderen pädagogischen Interesses zugelassen werden (147 II), während über die privaten Vorschulen wegen ihres Klassencharakters das Todesurteil gesprochen wird (147 III). Sonstige Privatschulen als Ersatz für öffentliche Schulen unterliegen staatlicher Genehmigung nach näherer Bestimmung der Landesgesetze. „Die Genehmigung ist zu erteilen, wenn die Privatschulen in ihren Lehrzielen und Einrichtungen sowie in der wissenschaftlichen Ausbildung ihrer Lehrkräfte nicht hinter den öffentlichen Schulen zurückstehen und eine Sonderung der Schüler nach den Besitzverhältnissen der Eltern nicht gefördert wird" (147 I).

Der Unterricht soll nicht nur Kenntnisse und Fertigkeiten vermitteln, vielmehr ist in allen Schulen „sittliche Bildung, staatsbürgerliche Erziehung, persönliche und berufliche Tüchtigkeit im Geiste des deutschen Volkstums und der Völkerversöhnung zu erstreben" (148 I). Die letztere Aufgabe wird durch das Verhalten des Vielverbandes einigermaßen erschwert. Der humane Geist der Schule kommt in der Bestimmung des Art. 148 II zum Ausdruck, wonach darauf Bedacht zu nehmen ist, „daß die Empfindungen Andersdenkender nicht verletzt werden." Art. 148 III legt noch besonderen Wert auf Unterricht in der Staatsbürgerkunde und sieht die Beteilung der abgehenden Schüler mit einem Abdruck der Reichsverfassung vor.

Schließlich ist noch der Sätze über die Lehrerbesoldung und die Stellung der Lehrer als Staatsbeamte (143 II und III) zu gedenken.

Gewiß ein großzügiges Schulprogramm, das vielfach weit über das bisher Gebotene und Angestrebte hinausgeht und in sinnfälliger Weise zum Ausdruck bringt, wie groß das Verständnis des deutschen Volkes für den unersetzlichen Schatz ist, der in der gründlichen Bildung seiner Jugend gelegen ist.

Aber auch des Bildungs- und Kulturbedürfnisses der Erwachsenen wird gedacht. Volksbildung und Volkshochschulwesen soll von Reich, den Ländern und Gemeinden gefördert werden (148 IV). Der Staat beschränkt sich nicht darauf, Freiheit von Kunst, Wissenschaft und ihrer Lehre zu verkünden, wobei nicht einmal der Vorbehalt gesetzlicher Schranken ausdrücklich gemacht wird (142 Satz 1), sondern er verspricht ihnen auch Schutz und Förderung (142 Satz 2). Außerdem wird Schutz und Pflege der Denkmäler der Kunst, Geschichte und Natur sowie der Landschaft angekündigt und die Verhütung der Abwanderung deutschen Kunstbesitzes ins Ausland versprochen (150).

Für die tatsächliche Durchführung der in der Reichsverfassung angekündigten und vorgeschriebenen Schul-, Bildungs- und Kulturpolitik ist naturgemäß ein ganz außerhalb gelegenes Moment entscheidend, nämlich das Vorhandensein der nötigen materiellen Mittel. Und das ist vielleicht mit das Betrübendste an der durch den unglücklichen Ausgang des Krieges bewirkten Hörigkeit von dem Vielverband, daß dadurch gerade die Entfaltung derjenigen Eigenschaften unseres Volkes am empfindlichsten bedroht ist, durch welche es sich selbst in den ungünstigsten Zeiten seiner politischen Geschichte in der ersten Reihe gehalten hat, seiner geistigen und kulturellen Veranlagung und Begabung.

XIII. Das Wirtschaftsleben.

Das Wirtschaftsleben ist dasjenige Gebiet, auf dem der Gegensatz zwischen der durch die Revolution emporgetragenen Arbeiterklasse und ihrer politischen Vertretung, der Sozialdemokratie, auf der einen Seite, den bürgerlichen Ständen und ihren Parteien auf der anderen Seite am schärfsten zutage tritt. Die marxistische Forderung nach Aufhebung des Privateigentums an Produktionsmitteln ist schlechthin unversöhnbar mit dem bürgerlichen Programm der Eigenwirtschaft der

Einzelnen. Wenn die Reichsverfassung sich die Aufgabe gestellt hat, eine mittlere Linie zwischen diesen im schroffen Gegensatz stehenden Anschauungen festzulegen, so hat sie hier von vornherein noch weniger als auf anderen Gebieten Aussicht, einen beide Teile befriedigenden Ausgleich zu erzielen. Es bleibt ihr nicht viel anderes übrig, als die gegensätzlichen Forderungen zum Ausgangspunkt zu nehmen und durch Konzessionen beiderseits derart abzuschwächen, daß dem äußeren Schein nach die Möglichkeit eines Nebeneinanderbestehens erreicht wird. Der enge Zusammenhang zwischen der Wirtschafts- und der Gesellschaftsordnung, der nach marxistischer Lehre in der einseitigen Abhängigkeit der letzteren von der ersteren besteht, bei objektiver Betrachtung in engster gegenseitiger Wechselwirkung zum Ausdruck kommt, mußte bewirken, daß die wichtigsten Grundsätze für die Gestaltung der sozialen Verhältnisse nicht in dem Abschnitt über das Gemeinschaftsleben, wo sie eigentlich ihren Platz hätten, sondern hier in dem Abschnitt über das Wirtschaftsleben Aufnahme gefunden haben. So ist der fünfte Abschnitt des zweiten Hauptstückes jenes Gebiet der Reichsverfassung, das mit den schwierigsten Problemen der Neuordnung belastet, durch die für alle Teile gleichermaßen unbefriedigende Lösung den Beweis für die Unmöglichkeit des Unterfangens erbringt, in einer Zeit der größten Gegensätze eine einheitliche, geschlossene, grundsätzliche Regelung der rechtlichen Stellung des einzelnen in Staat und Gesellschaft durchzuführen.

Das rein äußerlich-formale Ergebnis des hoffnungslosen Einigungsversuches zeigt sich einmal darin, daß sich ganz entgegengesetzte Resultate ergeben, wenn man die einzelnen Artikel getrennt betrachtet. Dann aber tritt zutage, daß die eigentlichen Streitpunkte durch die gefundenen z. T. sehr wortreichen Formulierungen nicht zu eindeutig bestimmten Lösungen verdichtet werden, sondern daß ihre Austragung auf besondere für die Zukunft angekündigte gesetzgeberische Aktionen verschoben werden muß. Als verbindende, die scharfen Gegensätze teilweise überbrückende Glieder der Gedankenführung werden gern solche Einrichtungen sozialpolitischen Charakters hereingezogen, die bereits in der vorhandenen Rechtsordnung enthalten oder angebahnt sind.

Lösen wir nun diese ihrer inneren Natur nach ganz verschiedenen Bestandteile aus ihrer künstlichen Zusammenfassung, so stoßen wir zunächst auf eine Reihe von Artikeln, die die individualistische Wirtschaftsordnung zum Ausdruck bringen. Art. 151 beginnt mit einer in versöhnlichem Geiste gehaltenen Formel, die weil zu vielsagend, durchaus nichtssagend ist. „Die Ordnung des Wirtschaftslebens muß den Grundsätzen der Gerechtigkeit mit dem Ziele der Gewährleistung eines menschenwürdigen Daseins für alle entsprechen." Ein derartiges Ziel nimmt jede Wirtschaftsordnung für sich in Anspruch. Zunächst wird dieser Formel aber eine durchaus individualistische Deutung gegeben: „In diesen Grenzen ist die wirtschaftliche Freiheit des einzelnen zu sichern. Gesetzlicher Zwang ist nur zulässig zur Verwirklichung bedrohter Rechte oder im Dienst überragender Forderungen des Gemeinwohls. Die Freiheit des Handels und Gewerbes wird nach Maßgabe der Reichsgesetze gewährleistet" (151). „Im Wirtschaftsverkehr gilt Vertragsfreiheit nach Maßgabe der Gesetze. Wucher ist verboten. Rechtsgeschäfte, die gegen die guten Sitten verstoßen, sind nichtig" (152). In all diesen Sätzen bewegen wir uns durchaus auf dem Boden der liberalen Wirtschaftsauffassung.

Das gleiche gilt dann auch von den beiden folgenden Artikeln, die der Sicherung des Privateigentums und Erbrechts dienen sollen. Hier ist allerdings schon ein Tropfen des berühmten sozialen Öls eingeträufelt. „Das Eigentum wird von der Verfassung gewährleistet. Sein Inhalt und seine Schranken ergeben sich aus den Gesetzen. Eine Enteignung kann nur zum Wohl der Allgemeinheit und auf gesetzlicher Grundlage vorgenommen werden. Sie erfolgt gegen angemessene Entschädigung, soweit nicht ein Reichsgesetz etwas anderes bestimmt" (153). Daß mit diesen Sätzen, deren nähere Kritik vom rein juristischen Standpunkt aus hier übergangen werden soll, inhaltlich eine klare Eigentumsordnung geschaffen ist, wird niemand behaupten können. Dem Gedanken der Grundpflichten trägt Art. 153 III Rechnung: „Eigentum verpflichtet. Sein Gebrauch soll zugleich Dienst sein für das gemeine Beste". Dieser Satz bestätigt in markanter Weise die früher aufgestellte Behauptung von dem rein sittlichen Charakter der Grundpflichten. Art. 154 bestimmt dann: „Das Erbrecht wird nach Maßgabe des bürgerlichen Rechtes gewährleistet. Der Anteil des Staates am Erbgut bestimmt sich nach den Gesetzen". Auch hier ist eine inhaltliche Klarstellung nicht erreicht.

Mit Art. 155 über den Grund und Boden erfolgt der Übergang zu jenen Bestimmungen, in denen dem sozialistischen Einschlag der Mehrheitsparteien Rechnung getragen werden soll. Hier weht die richtige Kompromißluft. Im allgemeinen bleibt das Privateigentum und die Privatwirtschaft unberührt. Das wird allerdings nicht ausdrücklich ausgesprochen, geht aber daraus hervor, daß die zahlreichen Überwachungs- und Eingriffsbefugnisse eben nur Ausnahmen darstellen. Dabei werden besonders schön klingende Grundsätze und Verheißungen ausgesprochen, deren Verwirklichung noch im weiten Felde steht. Es heißt dort: „Die Verteilung und Nutzung des Bodens wird von Staats wegen in einer Weise überwacht, die Mißbrauch verhütet und dem Ziel zustrebt, jedem Deutschen eine gesunde Wohnung und allen deutschen Familien, besonders den kinderreichen, eine ihren Bedürfnissen entsprechende Wohn- und Wirtschaftsheimstätte zu sichern." — Eine Ü b e r w a c h u n g von Staats wegen wird zur Erreichung dieser Ziele kaum genügen. — „Kriegsteilnehmer sind bei dem zu schaffenden Heimstättenrecht besonders zu berücksichtigen. Grundbesitz, dessen Erwerb zur Befriedigung des Wohnungsbedürfnisses, zur Förderung der Siedlung und Urbarmachung oder zur Hebung der Landwirtschaft nötig ist, kann enteignet werden." — Hier ist nicht gesagt, ob er dann Gemeineigentum bleiben muß oder wieder an Private, etwa Kleinbesitzer, verteilt werden darf. „Die Fideikommisse sind aufzulösen." — „Die Wertsteigerung des Bodens, die ohne Arbeits- oder Kapitalaufwendung auf das Grundstück entsteht, ist für die Gesamtheit nutzbar zu machen. — Alle Bodenschätze und alle wirtschaftlich nutzbaren Naturkräfte stehen unter Aufsicht des Staates. Private Regale sind im Wege der Gesetzgebung auf den Staat zu überführen." Mitten drinnen steht wieder der Pflichtgedanke: „Die Bearbeitung und Ausnutzung des Bodens ist eine Pflicht des Grundbesitzers gegenüber der Gemeinschaft."

Die folgenden zehn Artikel befassen sich im wesentlichen — mit gelegentlichen Einstreuungen aus anderen Gebieten — mit der Kodifikation des Rechtes der Arbeit und der Arbeiter. Sie sind durch zwei umfangreiche, außerordentlich schwerwiegende Komplexe von Normen über die Gemeinwirtschaft oder, wie man heute gern sagt, Sozialisierung, eingerahmt. Und zwar befaßt sich der voranstehende Art. 156 mit der Organisation der wirtschaftlichen Betriebe, der abschließende Art. 165 mit jener der wirtschaftlichen Verwaltung.

Zunächst sei von der Ordnung der gemeinwirtschaftlichen Betriebsführung die Rede. Drei verschiedene Formen werden hierbei ins Auge gefaßt: Die Überführung in das Gemeineigentum, also die Sozialisierung im strengen Sinne, die Beteiligung der öffentlichen Gewalten an den privaten Betrieben, endlich der zwangsweise Zusammenschluß solcher Betriebe zu besonderen Selbstverwaltungskörpern. Über die Sozialisierung bestimmt Art. 156 I Satz 1: „Das Reich kann durch Gesetz unbeschadet der Entschädigung in sinngemäßer Anwendung der für Enteignung geltenden Bestimmungen für die Vergesellschaftung geeignete private wirtschaftliche Unternehmungen in Gemeineigentum überführen." Über die öffentliche Beteiligung heißt es dann weiter: „Es kann sich selbst, die Länder oder die Gemeinden an der Verwaltung wirtschaftlicher Unternehmungen und Verbände beteiligen oder sich daran in anderer Weise einen bestimmenden Einfluß sichern." Über den Zusammenschluß der Betriebe bestimmt Absatz II: „Das Reich kann ferner im Falle dringenden Bedürfnisses zum Zwecke der Gemeinwirtschaft durch Gesetz wirtschaftliche Unternehmungen und Verbände auf der Grundlage der Selbstverwaltung zusammenschließen.“ Im letzteren Fall wird als Ziel aufgestellt: „Die Mitwirkung aller schaffenden Volksteile zu sichern, Arbeitgeber und Arbeitnehmer an der Verwaltung zu beteiligen und Erzeugung, Herstellung, Verteilung, Verwendung, Preisgestaltung sowie Ein- und Ausfuhr der Wirtschaftsgüter nach gemeinwirtschaftlichen Grundsätzen zu regeln.“ Gerade bei der zwangsweisen Zusammenschließung von Privatbetrieben werden besonders weitgehende wirtschafts- und sozialpolitische Perspektiven eröffnet. Einer ganz anderen ökonomischen Geistesrichtung wird dann aber sofort im Anschlusse an diese weittragenden Pläne durch die Erwähnung der Erwerbs- und Wirtschaftsgenossenschaften gedacht, die „auf ihr Verlangen unter Berücksichtigung ihrer Verfassung und Eigenart in die Gemeinwirtschaft einzugliedern“ sind.

Das Charakteristische an den angeführten Bestimmungen ist ihre rein programmatische Bedeutung. Denn in jedem Fall bedarf es, um eine der gemeinwirtschaftlichen Betriebsformen praktisch ins Leben zu rufen, eines konkreten gesetzgeberischen Aktes; eine Verwaltungsverfügung genügt also nicht, vielmehr muß dem Reichstag Gelegenheit zur Beschlußfassung geboten werden. Man wird nun wohl mit Recht annehmen, daß für ein solches Gesetz die eben besprochenen Bestimmungen der Verfassung weder eine besonders wertvolle Grundlage noch eine nicht zu überspringende Schranke bedeuten. Denn das Problem wird jedesmal neu gestellt und daher auch neu gelöst werden. Selbst die grundsätzliche Bestimmung, daß die eigentliche Sozialisierung bei sinngemäßer Anwendung der Enteignungsnormen unbeschadet der Entschädigung erfolgen soll, sichert das Privateigentum nicht unbedingt vor der Konfiskation, da ja bei der Enteignung nach Art. 153 II durch einfaches Reichsgesetz eine Entschädigung ausgeschlossen werden kann.

Von viel mehr unmittelbar praktischer Bedeutung sind die Grundsätze des Art. 165 über die Einrichtung der wirtschaftlichen Verwaltung. In einer dreistufigen, sich zu einer obersten Spitze verjüngenden Organisation soll ein in erster Linie paritätisch Arbeitgeber und Arbeitnehmer, daneben aber auch die sonstigen Berufsgruppen umfassendes System der wirtschaftlich-sozialen Selbstverwaltung als Gegenstück zur politischen Selbstverwaltung errichtet werden. Dieser Bau ist dadurch charakterisiert, daß auf der einen Seite die Arbeitnehmer, Arbeiter und Angestellte, eine Organisation erhalten, die auf der untersten Stufe an die Wirtschaftszelle, den Betrieb anknüpft — die Betriebsarbeiterräte —, in der mittleren Stufe ein territoriales Wirtschaftsgebiet umfaßt — die Bezirksarbeiterräte — und nach oben hin in einen Reichsarbeiterrat mündet. Auf der anderen Seite sind die Arbeitgeber und die sonstigen wirtschaftlich selbständigen Berufsgruppen nicht von Staats wegen für sich organisiert; selbstverständlich bilden auf der untersten Stufe die gegebenen Betriebsleitungen das natürliche Gegenstück zu den Betriebsarbeiterräten; auf der mittleren und oberen Stufe dagegen schließen sich einfach die Vertreter dieser Gruppen, ohne einen eigenen Körper zu formieren, unmittelbar mit den Bezirksarbeiterräten und dem Reichsarbeiterrat in der Weise zusammen, daß sie mit ihnen die Bezirkswirtschaftsräte und den Reichswirtschaftsrat bilden.

Der Aufgabenkreis dieser wirtschaftlichen Räteorganisation ist in der Reichsverfassung nicht klar umschrieben. Zunächst heißt es: „Die Arbeiter und Angestellten sind dazu berufen, gleichberechtigt in Gemeinschaft mit den Unternehmern an der Regelung der Lohn- und Arbeitsbedingungen, sowie“ — und das ist die außerordentliche Erweiterung — „an der gesamten wirtschaftlichen Entwicklung der produktiven Kräfte mitzuwirken.“ Zu diesem Zwecke werden zunächst — was nach den sonstigen Bestimmungen der Verfassung an dieser Stelle zu erwähnen, ganz überflüssig ist — „die beiderseitigen Organisationen und ihre Vereinbarungen anerkannt“. Daran schließt sich die Bestimmung über die Schaffung der gesetzlichen Vertretungen der Arbeitnehmer in Form der aufgezählten Räte, denen als Zweck die „Wahrnehmung ihrer sozialen und wirtschaftlichen Interessen" zugewiesen wird. Die Arbeiterräte treten dann „zur Erfüllung der gesamten wirtschaftlichen Aufgaben und zur Mitwirkung bei der Ausführung der Sozialisierungsgesetze mit den Vertretungen der Unternehmer" usw. zu den Wirtschaftsräten zusammen. Das wäre also ein in sozialer und wirtschaftlicher Beziehung unbegrenztes Arbeitsfeld. Sobald es aber an die Feststellung der konkreten Aufgaben geht, werden die Absichten der Reichsverfassung bedeutend bescheidener — wieder gehen die allgemeinen theoretischen Verheißungen weit über die nüchternen praktischen Betätigungen hinaus. Denn es wird dann nur verfügt — das haben wir bereits früher gestreift —, daß sozial- und wirtschaftspolitische Gesetzentwürfe „von grundlegender Bedeutung" von der Reichsregierung vor ihrer Einbringung dem Reichswirtschaftsrat zur Begutachtung vorgelegt werden sollen, nicht müssen. Der Reichswirtschaftsrat bekommt dann auf diesem beschränkten Gebiet das Recht der Initiative und weiter das Recht, seine Vorlagen durch eines seiner Mitglieder vor dem Reichstag vertreten zu lassen. Also nur Begutachtung und Antragsrecht, kein beschließendes Votum. Bezüglich der übrigen Arbeiter- und Wirtschaftsräte heißt es dann einfach, daß ihnen „auf den ihnen überwiesenen Gebieten Kontroll- und Verwaltungsbefugnisse übertragen werden können."

Man wird nun nicht fehlgehen, wenn man die vorgeführten Bestimmungen so auffaßt, daß die letztgenannten nur die mithelfende Betätigung der neugeschaffenen Selbstverwaltungskörper an der staatlichen Wirtschaftsverwaltung im Auge haben, während darüber hinaus in den vorausgestellten allgemeinen Vorschriften an ihre aktive Mitwirkung an der gesellschaftlichen Wirtschaftsführung gedacht ist. Schließlich heißt es ja im Schlußabsatz des Art. 165:

„Aufbau und Aufgabe der Arbeiter- und Wirtschaftsräte sowie ihr Verhältnis zu anderen sozialen Selbstverwaltungskörpern zu regeln, ist ausschließlich Sache des Reichs." Damit ist also wieder bezüglich der entscheidenden praktischen Fragen auf die Einzelgesetzgebung verwiesen.

Fragt man sich nun, welche Bedeutung der neuen Räteorganisation tatsächlich zukommen wird, so läßt sich heute eine bestimmte Antwort nicht geben. Diese Bedeutung kann sehr groß und sehr bescheiden werden je nach der Stellung, die sich die Räte sei es durch ihre reale Macht sei es durch ihre verständnisvolle Wirksamkeit werden erringen können. —

In das durch die besprochenen beiden Normenkomplexe umrahmte Bild des Arbeitsrechts ordnen sich zwei verschiedenartige Bestimmungen nur äußerlich ein, die daher hier herausgenommen werden sollen. Art. 158 lautet: „Die geistige Arbeit, das Recht der Urheber, der Erfinder und der Künstler genießt den Schutz und die Fürsorge des Reichs. Den Schöpfungen deutscher Wissenschaft, Kunst und Technik ist durch zwischenstaatliche Vereinbarung auch im Ausland Geltung und Schutz zu verschaffen." Während diese Bestimmung politisch farblos ist, trägt Art. 164 ganz bestimmten Parteibestrebungen Rechnung, wenn er sagt: „Der selbständige Mittelstand in Landwirtschaft, Gewerbe und Handel ist in Gesetzgebung und Verwaltung zu fördern und gegen Überlastung und Aufsaugung zu schützen."

Nunmehr erübrigt noch, den arbeitsrechtlichen Inhalt der Reichsverfassung kurz zu besprechen. Programmatisch steht an der Spitze Art. 157: „Die Arbeitskraft steht unter dem besonderen Schutz des Reichs. Das Reich schafft ein einheitliches Arbeitsrecht." Tatsächlich ist ein Gesetzbuch über das Arbeitsrecht seit einiger Zeit in Vorbereitung. Mit diesem Gesetzbuch wird das Deutsche Reich abermals wie schon mit seiner Reichsversicherungsordnung allen zivilisierten Nationen voraus eilen und damit als beste Entkräftung für die Verleumdungen der feindlichen Presse beredtes Zeugnis für die führende Rolle des deutschen Geisteslebens ablegen. Diese Stellung in der internationalen Kulturwelt wird noch ausdrücklich durch Art. 162 in Anspruch genommen: „Das Reich tritt für eine zwischenstaatliche Regelung der Rechtsverhältnisse der Arbeiter ein, die für die gesamte arbeitende Klasse der Menschheit ein allgemeines Mindestmaß der sozialen Rechte erstrebt."

Im eigenen Hause aber erfolgt die Befreiung der Arbeiter von allen Hemmungen zur Geltendmachung ihrer Kraft und ihrer Rechte auf der einen Seite und gleichzeitig greift die öffentliche Gewalt schützend ein, wo die eigene Kraft der wirtschaftlich Schwachen versagt. In der erst.n Richtung bestimmt Art. 159: „Die Vereinigungsfreiheit zur Wahrung und Förderung der Arbeits- und Wirtschaftsbedingungen ist für jedermann und für alle Berufe gewährleistet. Alle Abreden und Maßnahmen, welche diese Freiheit einzuschränken oder zu behindern suchen, sind rechtswidrig". Hier wird also der bereits allgemein (124) ausgesprochene Grundsatz der Vereinsfreiheit nochmals nach der besonderen Seite der sog. Koalitionsfreiheit formuliert, wie wir dieser übrigens bereits in dem Art. 165 über die Arbeiterräte begegnet sind. Aus dem Text des Art. 159 geht hervor, daß der Vereinigungsfreiheit nicht nur zur Regelung der Arbeitsbedingungen, sondern allgemein zur Ordnung der Wirtschaftsbedingungen aller Art gedacht ist. Der Schwerpunkt liegt indes zweifellos bei den Arbeitsbedingungen. Ein besonderer Anwendungsfall ist bereits in der Vereinigungsfreiheit des Beamtentums (130 II) vorweggenommen. In der zweiten Richtung, der des Schutzes der Schwachen, bestimmt Art. 161: „Zur Erhaltung der Gesundheit und Arbeitsfähigkeit, zum Schutz der Mutterschaft und zur Vorsorge gegen die wirtschaftlichen Folgen von Alter, Schwäche und Wechselfällen des Lebens schafft das Reich ein umfassendes Versicherungswesen unter maßgebender Mitwirkung der Versicherten". Damit ist das große Werk der Sozialversicherung in bescheidener Weise erwähnt und sein weiterer Ausbau angekündigt. Hierher gehört auch noch Art. 163 II, wenn er nachder einleitenden kühnen Verheißung: „Jedem Deutschen soll die Möglichkeit gegeben werden, durch wirtschaftliche Arbeit seinen Unterhalt zu erwerben" die Anordnung ausspricht: „Soweit ihm angemessene Arbeitsgelegenheit nicht nachgewiesen werden kann, wird für seinen notwendigen Unterhalt gesorgt". Damit wird als Ersatz für die gewiß nicht einwandfrei funktionierende Erwerbslosenfürsorge eine sachlich ausgebaute, an den Arbeitsnachweis anschließende Arbeitslosenversicherung angekündigt.

In dem vorliegenden Zusammenhang ist auch noch ein Satz zu verzeichnen, der wohl nur aus äußerlichen Gründen in den Abschnitt Religion und Religionsgesellschaften gestellt worden ist: „Der Sonntag und die staatlich anerkannten Feiertage bleiben als Tage der Arbeitsruhe und der seelischen Erhebung gesetzlich geschützt" (139). Es ist dies eine der wenigen Bestimmungen aus dem großen Kapitel des gesetzlichen Arbeiterschutzes, den die Reichsverfassung in ihren Schoß aufgenommen hat. Sonst sind in diesem Zusammenhang nur noch zwei Vorschriften zu erwähnen, welche besonderen politischen oder verwandten Zwecken dienen, einerseits Art. 118, der ausspricht, daß den Deutschen an dem Recht der freien Meinungsäußerung „kein Arbeits- oder Anstellungsverhältnis hindern und niemand ihn benachteiligen" darf, „wenn er von diesem Rechte Gebrauch macht". Andererseits bestimmt Art. 160: „Wer in einem Dienst- oder Arbeitsverhältnis als Angestellter oder Arbeiter steht, hat das Recht auf die zur Wahrnehmung staatsbürgerlicher Rechte und, soweit dadurch der Betrieb nicht erheblich geschädigt wird, zur Ausübung ihm übertragener öffentlicher Ehrenämter nötige freie Zeit. Wieweit ihm der Anspruch auf Vergütung erhalten bleibt, bestimmt das Gesetz". Diese beiden Vorschriften, deren Anwendung in der Praxis zu vielfachen Zweifeln Anlaß geben wird, greifen tief in die bisherige Gebundenheiten des Arbeits- und Angestelltenverhältnisses ein; ihr Kern ist zweifellos gut, aber die Gefahr mißbräuchlicher Benutzung ist nicht von der Hand zu weisen.

Schließlich finden wir auch in diesem Zusammenhang einen schönen sittlichen Grundsatz ausgesprochen: „Jeder Deutsche hat unbeschadet seiner persönlichen Freiheit die sittliche Pflicht, seine geistigen und körperlichen Kräfte so zu betätigen, wie es das Wohl der Gesamtheit erfordert" (163 I). Ein derartiger Satz ist zwar rechtlich belanglos — betont er doch selbst seinen rein ethischen Charakter —, aber er ist sicherlich von allergrößter Bedeutung. Daß er wirklich durchdringt, ist jedoch nicht zu erreichen durch seine Aufnahme in die Reichsverfassung, auch nicht durch seine Ausgabe in dem Abdruck der Reichsverfassung an die Schüler, sondern nur dadurch, daß alle, die Einfluß im privaten und öffentlichen Leben besitzen, ihn immer wieder betonen und in erster Linie selbst danach handeln. Gelingt es diesem Satz, der ja früher in weiten Kreisen des deutschen Volkes als selbstverständliche Lebensmaxime nicht nur gegolten hat, sondern auch gehalten worden ist, zu seinem alten Recht zu verhelfen, dann ist die Periode des Wieder- und Neuaufbaus unseres nationalen Lebens nach dem großen Zusammenbruch auf ihren Höhepunkt, zu ihrem Ziel gelangt. Mag dann von dieser Reichsverfassung, über deren Bedingtheiten und Mängel wir uns ja genügend klar geworden sind, vielleicht nicht mehr sehr viel übrig sein, gerechter Weise wird man es ihr doch immer danken müssen, daß sie am Anfangspunkt der Aufwärtsentwicklung gestanden ist, daß ihre Verfasser ein mutiges und freudiges Bekenntnis ihres Glaubens an die Zukunft unseres deutschen Volks abgelegt haben, daß sie durch die Erhaltung des Reichs eine der grundlegenden Voraussetzungen für diese Zukunft geschaffen hat.

Sachregister.

Nachgewiesen sind nur solche Gegenstände, die nicht schon nach den Kapitelüberschriften aufzufinden sind oder die an mehreren Stellen behandelt werden. — Die Zahlen bedeuten die Seiten.

Ausnahmezustand 132.

Bayern 47, 66, 69, 89, 111, 118, 145.
Beamtenrecht 14, 136.
Bismarck 9, 10, 20, 37.
Bundesstaat 23, 36.
Bundestag 21, 49.

Demobilmachung 132.
Demokratie 31 ff.
Deutschösterreich 8, 11, 36.

Einheitsstaat 22, 55, 64.

Finanzen 39, 41, 114.
Föderalismus 25, 38, 44.
Frankreich 78, 85.
Fremdsprachige Volksteile 19, 133 f.

Gesetzgebung 56, 92 ff., 111.
Gesetzmäßigkeit der Verwaltung 105 ff., 127.
Gewaltenteilung 92 ff.
Gliedstaaten (siehe auch Länder) 36 ff., 58 ff.
Grundpflichten 124.
Grundrechte 8, 12, 106, 107, 119 ff., 126.

Kaiser 9, 30, 48 ff., 52, 71, 77, 110.

Länder (siehe auch Gliedstaaten) 25, 36 ff., 58 ff., 73, 113, 116, 117, 124.

Ministerialsystem in der Verwaltung 110.
Monarchie 27 ff., 37.

Partei 32, 67.
Preußen 9, 47, 48 ff., 54 f., 62 f.
Reichsfarben 11.
Reichsfinanzverwaltung 42, 113.
Reichsgesetzgebung (siehe Gesetzgebung, Sanktion)
Reichshaushalt 97, 111, 114.
Reichskanzler 9, 48 ff., 70, 88 ff.
Reichsminister 70, 88 ff.
Reichspräsident 53, 65, 71 ff., 77 ff., 99, 110.
Reichsrat 54 ff., 73, 99 ff., 119.
Reichsregierung 53, 69 ff., 77 ff., 87 ff., 95 f., 110.
Reichstag 8, 48 ff., 53 ff., 65, 68, 79, 94 ff.
Reichstagsminderheit 74, 98.
Reichsverfassung von 1849 8, 12, 119, 123, 140, 142.
Reichsverfassung von 1871 1 f., 38 ff., 119.
Reichsverwaltung 38 ff., 70, 104 ff.
Reichswirtschaftsrat 75, 156 f.
Republik 26 ff., 45.
Reservatrechte 40.

Sanktion der Reichsgesetze 103.
Schweiz 23, 37, 47.
Sonderrechte 40, 41.
Staat 46.
Staatenbund 21.
Staatsangehörigkeit 46.
Staatsgerichtshof 79, 114, 118.

Trennung der Justiz von der Verwaltung 109.

Unitarismus 25, 38, 44.

Vereinigte Staaten von Amerika 23, 36, 47, 78.
Verfassungsänderung 102.
Verordnung 111 f.
Volk 10, 31 ff., 53, 65 ff., 77, 79, 93, 96 f.
Volksabstimmung 66 f., 68, 96 ff.

Artikelregister.

Die linke Ziffer bedeutet den Artikel der Reichsverfassung, die rechte die Seitenzahl.

1 18, 26, 27, 33, 65.
2 11, 25.
3 11.
4 19.
5 25.
6 40, 41, 130.
7 43.
8 41.
9 43.
10 43, 137, 140.
11 41.
12 43, 91.
13 18, 118.
14 44, 113.
15 17, 57, 70, 92, 112, 114, 118.
16 114.
17 18, 27, 45, 46.
18 60, 118.
19 72, 118.
20 17.
22 65.
24 17.
25 65, 72, 79, 81.
31 117, 118.
32 94, 95.
33 95.
34 75.
35 17, 72.
37 17.
41 65.
42 83.
43 65, 66, 79, 81, 83.
45 72.
46 41, 72.
47 41, 72.
48 72, 132.
49 72.
50 72, 73, 78, 81, 111.
51 70, 84.
52 70.
53 71, 88.
54 69, 89.
55 70, 84, 91, 92.
56 70, 79, 91.
57 91.
58 70, 91.
59 69, 75, 79, 83, 84, 118.
60 73.
61 11, 54.
63 54, 55.
65 54.
67 57.
68 18, 68, 94, 95.
69 18, 74, 95.
70 72, 96, 99.
71 96.
72 87, 98.
73 18, 66, 67, 69, 72, 79, 81, 97, 98, 99, 101.
74 18, 67, 69, 74, 87, 99.
75 97.
76 67, 74, 75, 95, 97, 100, 102.
77 57, 70, 112, 114.
78 40, 59, 111, 114.
79 41, 114.
83 42, 114.
84 42, 113.
85 57, 69, 111, 114.
86 114.
87 111, 114.
88 44, 112, 114.
89 44, 111.
90 118.
91 112, 114.
93 114.
97 111, 114.
98 114.
101 44, 111.
102 109, 116.
103 44, 116.
104 109, 116.
105 116.
106 116.
107 108, 117.
108 118.
109 12, 13, 109, 128.
110 25, 46, 133.
111 109, 130.
112 109, 130.
113 19, 133, 134.
114 12, 109, 130, 131.
115 13, 130.
116 117.
117 130.
118 13, 130, 131, 160.
119 13, 14, 17, 135.
120 135, 136.
121 15, 17, 136.
122 133, 136.
123 130, 131.
124 130, 131, 159.
125 136.
126 136.
127 136.
128 136.
129 137.
130 13, 14, 138, 159.
131 138.
132 138.
133 138.
134 14, 138.
135 13, 130, 140, 141.
136 140, 141, 142.
137 16, 140, 142, 143, 144, 145.
138 140, 146.
139 13, 160.
140 146.
141 146.
142 13, 130, 131, 150.
143 111, 115, 148, 149.
144 148.
145 148.
146 13, 16, 140, 147, 148.
147 140, 147, 149.
148 17, 19, 111, 115, 125, 140, 149, 150.

149 140, 146.
150 150.
151 13, 16, 130, 152.
152 16, 130, 152.
153 13, 153, 155.
154 153.
155 153.
156 16, 17, 111, 115, 154.
157 158.
158 111, 115, 158.
159 130, 159.
160 160.
161 115, 159.
162 159.
163 159, 161.
164 158.
165 17, 75, 96, 115, 154, 156, 159.
166 118.
167 63.
168 55.
170 44, 118.
171 44, 118.
172 119.
173 146.
174 147.
175 129.
177 141.
178 18.
179 112.
181 33.

FSC
www.fsc.org
MIX
Papier | Fördert gute Waldnutzung
FSC® C083411

Kolibri 360 GmbH
Ferdinand-Jühlke-Straße 7
99095 Erfurt, Deutschland
produktsicherheit@kolibri360.de

Druck:
CPI Druckdienstleistungen GmbH
im Auftrag der
Kolibri 360 GmbH
Ferdinand-Jühlke-Str. 7
99095 Erfurt